Franz-Josef Hücker
Metaphern – die Zauberkraft des NLP
Ein Leitfaden für Berufspraxis und Training

W0097331

Franz-Josef Hücker

Metaphern – die Zauberkraft des NLP

Ein Leitfaden für Berufspraxis und Training

Junfermann Verlag • Paderborn
1998

© Junfermannsche Verlagsbuchhandlung, Paderborn 1998
Covergestaltung: Petra Friedrich

Satz: adrupa Paderborn

Die Deutsche Bibliothek – CIP-Einheitsaufnahme
Hücker, Franz-Josef:
Metaphern – die Zauberkraft des NLP: Ein Leitfaden für Berufspraxis und Training. /
Franz-Josef Hücker. – Paderborn: Junfermann, 1998
    ISBN 3-87387-378-8

ISBN 3-87387-378-8

Inhalt

Vorwort

Der Erfolg des Neuro-Linguistischen Programmierers steht und fällt mit seiner metaphorischen Fähigkeit, Metaphern zu entwickeln, verfügbar zu machen und zu nutzen, die das Wesen jeder erfolgreichen Kommunikation darstellt. Das explizite Anliegen dieses Werkes ist es, diese Fähigkeit transparent und für jedermann zugänglich zu machen.

Da die Kunst der metaphorischen Kommunikation nicht an das NLP gebunden und damit auch eigenständig nutzbar ist, wendet sich dieses Buch an alle Menschen, für die die Fähigkeit zur effektiven Kommunikation wichtiger Teil ihrer beruflichen Qualifikation ist, wie etwa Manager, Pädagogen, Anwälte, Mediziner, Psychotherapeuten und andere psycho-soziale Helfer. Darüber hinaus zählen zu seinen Adressaten alle NLP-Anwender und Trainer, weil die Metapher zwar zu den wichtigsten Sprachmitteln des NLP gehört und die Kunst der metaphorischen Kommunikation zu den Basisfähigkeiten jedes Neuro-Linguistischen Programmierers, aber eben auch unstrittig zu den am nachlässigsten dokumentierten. Diese ganz offensichtliche Lücke zu schließen, ist ein weiteres Anliegen dieses Werkes, das die erste grundlegende und umfassende Darstellung der Kunst der metaphorischen Kommunikation im Rahmen des Neuro-Linguistischen Programmierens präsentiert.

Mein Dank gebührt an dieser Stelle allen NLP-Entwicklern, die zu dem in diesem Werk systematisierten Material einen Beitrag geleistet haben. Ganz persönlich danke ich PD Dr. Alexa Mohl und Dr. Ingeborg Franschitz, die mir für die Rohfassung des Manuskriptes ein erstes Feedback gaben, Heide Breutner und Sylvia Sauter, die mir während der Anfertigung des Manuskriptes stets mit Rat und Tat zur Seite standen, Susanne Steed für ihre Übersetzungen aus dem Englischen und nicht zuletzt Thies Stahl und Johann W. Kluczny, die meine Entwicklung auf dem Feld des NLP geprägt und damit nachhaltig beeinflußt haben.

Franz-Josef Hücker
Berlin, im April 1998

Prolog
Der Prinz und der Zauberer

Vor Jahren hat John Fowles[1] eine kleine Geschichte erzählt, die uns ohne Umwege zu dem führen wird, um das es in diesem Buch geht.

Aber lesen Sie nun selbst, lesen Sie, lesen Sie...

Es war einmal ein junger Prinz, der glaubte an alles außer an drei Dinge. Er glaubte nicht an Prinzessinnen, er glaubte nicht an Inseln, und er glaubte nicht an Gott. Sein Vater, der König, sagte ihm, diese Dinge existieren nicht. Und da es im Reich seines Vaters keine Prinzessinnen oder Inseln und kein Anzeichen von Gott gab, glaubte der junge Prinz seinem Vater.

Aber eines Tages lief der Prinz von dem väterlichen Palast fort. Er gelangte in das Nachbarland. Dort sah er zu seiner Verwunderung von jeder Küste aus Inseln und auf diesen Inseln seltsame und verwirrende Geschöpfe, die er nicht zu benennen wagte. Während er sich nach einem Boot umsah, kam ihm an der Küste ein Mann im Frack entgegen.

„Sind das wirkliche Inseln?" fragte der junge Prinz.

„Natürlich sind das wirkliche Inseln", sagte der Mann im Frack.

„Und diese seltsamen und verwirrenden Geschöpfe?"

„Das sind alles ganz echte Prinzessinnen."

„Dann muß Gott auch existieren!" rief der Prinz.

„Ich bin Gott", erwiderte der Mann im Frack und verbeugte sich.

Der junge Prinz kehrte, so schnell er konnte, nach Hause zurück.

„Da bist du wieder", sagte sein Vater, der König.

„Ich habe Inseln gesehen, ich habe Prinzessinnen gesehen, ich habe Gott gesehen", sagte der Prinz vorwurfsvoll.

Der König war völlig ungerührt.

„Es gibt weder wirkliche Inseln noch wirkliche Prinzessinnen noch einen wirklichen Gott."

„Ich habe sie aber gesehen!"

„Sage mir, wie Gott gekleidet war."

„Gott war festlich gekleidet, im Frack."

9

„Waren die Ärmel seines Fracks zurückgeschlagen?"
Der Prinz erinnerte sich, daß es so war. Der König lächelte.
„Das ist die Uniform eines Magiers. Du bist getäuscht worden."
Darauf kehrte der Prinz in das Nachbarland zurück und ging an dieselbe Küste, wo ihm wieder der Mann im Frack entgegenkam.
„Mein Vater, der König, hat mir gesagt, wer du bist", sagte der junge Prinz entrüstet. „Du hast mich voriges Mal getäuscht, aber diesmal nicht. Ich weiß jetzt, daß das keine wirklichen Inseln und keine wirklichen Prinzessinnen sind, denn du bist ein Zauberer."
Der Mann an der Küste lächelte.
„Nein, du bist getäuscht worden, mein Junge. In deines Vaters Königreich gibt es viele Inseln und viele Prinzessinnen. Aber du bist von deinem Vater verzaubert, darum kannst du sie nicht sehen."
Der Prinz kehrte nachdenklich nach Hause zurück. Als er seinen Vater erblickte, sah er ihm in die Augen.
„Vater, ist es wahr, daß du kein wirklicher König bist, sondern nur ein Zauberer?"
Der König lächelte und rollte seine Ärmel zurück.
„Ja, mein Sohn, ich bin nur ein Zauberer."
„Ich muß aber die wirkliche Wahrheit wissen, die Wahrheit jenseits der Zauberei."
„Es gibt keine Wahrheit jenseits der Zauberei", sagte der König.
Der Prinz war von Traurigkeit erfüllt.
Er sagte: „Ich werde mich umbringen."
Der König zauberte den Tod herbei. Der Tod stand in der Tür und winkte dem Prinzen.
Der Prinz schauderte. Er erinnerte sich der wundervollen, aber unwirklichen Inseln und der unwirklichen, aber herrlichen Prinzessinnen.
„Nun gut", sagte er. „Ich kann es ertragen."
„Du siehst, mein Sohn", sagte der König, „daß du im Begriff bist, selbst ein Zauberer zu werden."

... vielleicht lassen Sie nun diese kleine Geschichte über die Inkarnation eines Zauberers ein wenig nachwirken und bedenken dabei auch, daß sich vieles unterhalb der Schwelle unseres Bewußtseins verbirgt. Und wenn wir es finden, ist uns manches bekannt und sehr vertraut, manches aber eben auch überraschend und oft etwas anderes als die Logik der Wissenschaften, die uns auch zauberhafte Dinge lehrt – aber diese stets anders benennt!

Einleitung

„Etwas zu verstehen bedeutet, daß man zu
einer Vertrautheit schaffenden Metapher
für es gelangt ist ..." – *Julian Jaynes*

Seit den Anfängen der Geschichtsschreibung und in den Mythen,
die in die älteste und dunkelste Vergangenheit menschlicher
Existenz zurückreichen, wurden Metaphern als ein Mittel zur
Lehre und Veränderung von Vorstellungen, Ideen und Lebenseinstellungen eingesetzt. Schamanen, Philosophen und Propheten[*] haben
intuitiv die den Metaphern innewohnende Kraft erkannt und sich ihrer
bedient. Von Platos „Höhlengleichnis" bis zu Voltaires „Zadig", von
den Lehren Jesu und Buddhas bis zu den Lehren Don Juans wurden
Metaphern stets für die Vermittlung von Vorstellungen und für die
Beeinflussung von Verhalten angewandt. – Folgt man diesen epistemologischen Worten, die aus der Feder von Richard Bandler[2] stammen und
treffsicher in der Grauzone, in der sich Kunst, Magie und Religion
überschneiden[3], plaziert wurden, bleibt allerdings zunächst noch offen,
was Metaphern sind und wie sie sinnvoll genutzt werden können. Das
ist Esoterik und für die Exoterik[4], die Nichteingeweihten, ein Geheimnis.

Mit anderen Worten, wir wissen es noch nicht so genau, und wer hier
nachfragt und etwas Wissen möchte, seien es gesicherte Erkenntnisse

---

[*] Zur besseren Lesbarkeit des Textes wird durchgängig das Maskulinum als grammatisches Geschlecht sowie das Pronomen „er" im gattungsspezifischen Sinn
verwendet.

11

oder schlichtes Handwerkszeug aus dem Dunstkreis der Esoterik, muß dann zumeist auch mit der simplifizierenden und wohl auch keineswegs befriedigenden Antwort weiterleben, daß nach der auf Aristoteles zurückgehenden klassischen Definition[5] Metaphern als „Entsprechungen zweier Verhältnisse" umschrieben werden und daß, wird der (griech.) Begriff Metaphor in Anlehnung an Hoffmeister[6] genutzt, zumeist von „Übertragung im bildlichen Sinn" gesprochen wird, von dem Gebrauch eines uneigentlichen, bildlichen Ausdrucks statt des eigentlichen, die Sache selbst bezeichnenden. Dabei werden verschiedene Arten von Metaphern unterschieden, etwa Ersatz eines sinnlichen Ausdrucks durch einen andern ebenfalls sinnlichen (der „Wald" von Masten), Vergeistigung des Sinnlichen durch Personifikation (das Meer „tobt"), Versinnlichung des Geistigen (die „Säulen" des Staates) oder Ersetzung abstrakter Begriffe durch andere, ebenso abstrakte (Gott ist das Leben und das Licht der Welt). Vor diesem etwas trüben Hintergrund wird es niemanden überraschen, daß sich verschiedentlich auch NLP-Autoren bemüht haben, die konzeptionelle Gestaltung, Anwendung und den Effekt der Metapher zu erhellen. So ist für Dilts[7] die Metapher der „Prozeß des Nachdenkens über eine Situation oder ein Phänomen in Form von etwas anderem, wie etwa Geschichten, Parabeln und Vergleichen". Für O'Connor und Seymour[8] ist es „indirekte Kommunikation mittels einer Geschichte oder einer Sprachfigur, die einen Vergleich impliziert". Metaphern sind nach O'Connor und Seymour[9] Kunstgriffe zum Reframen, zum Umdeuten. Und Gordon[10] faßt den Begriff Metapher mit Rückgriff auf Sheldon B. Kopp[11] als dadurch bestimmt, daß sie eine Sache in den Begriffen einer anderen ausdrücke, wobei diese Verknüpfung ein neues Licht auf die beschriebene Sache werfe.

„Eine Metapher ist also eine neuartige Darstellung eines Sachverhalts (...). Kopp hat die metaphorischen Bedeutungen von Stoffen aus Mythologie, Religion, Literatur, Science-fiction, den Medien und der Popkultur untersucht. Seine Konzeption, daß die Metapher ein neues Licht auf alte Angelegenheiten wirft, läßt sich im Kontext der therapeutischen Metaphern nutzbringend verwenden. Einige Psychologen und Sozialphilosophen haben sich mit ähnlichen Themen befaßt, z.B. Erich Fromm: »Märchen, Mythen, Träume«, Joseph Campbell: »Der Heros in tausend Gestalten«, Bruno Bettelheim: »Kinder brauchen Märchen«;

dazu kommen die vielen Bücher, die über Trauminterpretation geschrieben wurden.“[12]

Gordon[13] sagt, daß die hier angesprochenen Erzählungen zwar verschieden seien, doch gebe es zwischen der Odyssee, Alice im Wunderland und den Erlebnissen Carlos Castanedas mit Don Juan keinen grundlegenden Unterschied in der Struktur. Sie alle beschrieben wirkliche oder erdachte Menschen, die mit Problemen konfrontiert seien, die die Fähigkeiten von Odysseus, Alice und Carlos zur Bewältigung eben jener Probleme auf die Probe stellten. Die Parallelen zwischen ihren Abenteuern und den vielen Problemen, mit denen wir alle konfrontiert seien, seien aber gewöhnlich offensichtlich. Die Lösungen, die Odysseus für sich gefunden habe, mögen für manche Menschen nicht annehmbar sein, aber es lasse sich nicht leugnen, daß den meisten von uns die Situationen, in denen er stecke, wohl bekannt seien. Alle diese Geschichten, Anekdoten und Redewendungen besäßen ein gemeinsames Merkmal: die Fähigkeit, eine Botschaft zu übermitteln oder etwas über ein bestimmtes Problem zu erfahren. In allen diesen Erzählungen stehe immer irgend jemand irgendeiner Schwierigkeit gegenüber, die er auf irgendeine Art bewältige (oder an ihr scheitere). Die Art und Weise, wie der Held das Problem löse, könne einem Menschen in einer ähnlichen Lage eine Lösung zeigen. Wenn der Konflikt in der Geschichte dem des Zuhörers ähnlich sei, gewinne sie sofort an Bedeutung für ihn. Wenn man solche „ursprünglichen“ Geschichten mit der Absicht erzähle, den Zuhörer zu belehren und zu unterweisen, oder wenn dieser selbst an eine Geschichte mit dieser Absicht herangehe, dann werde für ihn das Gehörte zu einer „Metapher“.

Wenn wir als Therapeut oder Gesprächspartner eine Metapher bilden und ausdrücken, so Gordon[14] an anderer Stelle, repräsentiere der Zuhörer seinerseits diese Metapher in den Begriffen seiner eigenen Erfahrung. Wann immer uns sensorische, perzeptive oder kognitive Information präsentiert werde, versuchten wir bewußt oder unbewußt, diesem Input einen Sinn zu geben, also den Input so zu repräsentieren, daß er für uns einen Sinn erhalte. Wer jemals die veränderte Wahrnehmung der Welt durch Einnahme von Drogen erlebt habe oder sich unter Menschen befand, deren Sprache er nicht verstand, der wisse, wie wichtig es sei, aus seiner Welt einen „Sinn zu machen“.

Eine anschauliche Metapher für den Effekt einschränkender Einstellungen wird von O'Connor und Seymour[15] in der Art, wie das Auge eines Frosches arbeitet, gesehen. Ein Frosch sehe die meisten Dinge in seiner Umgebung, aber er interpretiere (als bedeutungsvoll) nur Dinge, die sich bewegen und eine bestimmte Form und Struktur haben, nämlich die von Nahrung. Dies sei eine effiziente Weise, den Frosch mit Nahrung (wie zum Beispiel Fliegen) zu versorgen. Da er jedoch nur die sich bewegenden schwarzen Objekte als Nahrung erkenne, verhungere ein Frosch in einer Kiste mit toten Fliegen. Und als eine Metapher für enorme Effekte eines tatsächlich nur scheinbar bedeutungslosen Ereignisses gilt (seit dem Vortrag des amerikanischen Meteorologen Edward Lorenz mit dem Titel „Bringt der Flügelschlag eines Schmetterlings in Brasilien einen Tornado in Texas zum Ausbruch?"[16]) in der Literatur die Schmetterlingsmetapher, die dafür steht, daß schon das Flattern eines Schmetterlings in Hong Kong ein Gewitter in New York auslösen könne.[17] Solche oder ähnliche Metaphern werden von allen therapeutischen Konzepten explizit genutzt, aber eben auch implizit, wie Gordon[18] nachweist. Ein Beispiel dafür sei Freuds Gebrauch sexueller Symbole als ein Mittel zur Entschlüsselung von Phantasien, Träumen und „unbewußten" Assoziationen. Jung habe „Animus" und „Anima" entwickelt, Reich den Begriff „Orgon". Die Humanisten sprächen von „Grenzerfahrungen" (peak experiences), die Mechanisten von der „Black Box", Berne rede von „Spielen", Perls von „Topdog" und „Underdog", Janov von „Primär"-Erlebnissen („Primals") usw. Eine der Grundlagen jeder Psychotherapie oder jeder Richtung innerhalb der Psychologie sei also eine Anzahl von Metaphern in Form eines Vokabulars, mit denen in gewissem Maße vermittelt werden könne, wie jemand die Welt erfahre. Jedoch müsse eine wichtige Unterscheidung gemacht werden: Diese Metaphern seien nicht die Erfahrungen selbst. Keiner habe in seinem Kopf oder Körper kleine „Topdogs" oder „Primals", die dort herumspazieren, immer auf der Suche nach dem „Es", mit dem sie streiten können. Und so stellt auch Stahl[19] vor diesem Hintergrund für das NLP fest, daß das Wort „Programmieren" und zahlreiche andere Begriffe und Modellvorstellungen des NLP aus der Welt der Informationsverarbeitung und der Kybernetik stammen und als Gleichnisse (Metaphern) ebenso fraglich seien wie die Metaphern anderer psychotherapeutischer Ansätze.[20] Und Bateson[21] merkt generalisierend an, die Metapher sei ein unentbehrliches Werkzeug des Denkens und des Ausdrucks – ein Charakteristikum aller menschlichen Kommunikation, selbst der des Wissenschaftlers. Die begrifflichen Modelle der Kybernetik und die Energietheorien der Psychoanalyse seien schließlich nichts anderes als etikettierte Metaphern.

Was heißt das aber nun berufspraktisch…? Wer hier nach Antworten sucht, findet in der NLP-Fachliteratur bei Cameron-Bandler[22] den Hinweis, es gebe zwei Bücher, die sich mit der Darstellung der Techniken zum Aufbau therapeutischer Metaphern beschäftigen. Dabei handele es sich um „The Patterns of Milton H. Erickson, M. D., Vol. III" von Bandler, Cameron-Bandler, DeLozier und Grinder und um das Buch „Therapeutic Metaphors" von David Gordon[23]. Wer sich anhand dieser Literaturhinweise informieren möchte, wird feststellen, daß Patterns III im Literaturnachweis der Originalausgabe des Werkes von Cameron-Bandler noch mit dem Vermerk „forthcoming" versehen ist (der bei der deutschen Übersetzung fehlt) und bis heute nicht veröffentlicht wurde. Und so verbleibt einem der Hinweis auf den Titel von David Gordon, der seit geraumer Zeit auch in deutscher Übersetzung verfügbar ist. Das Ziel dieses Werkes ist, wie Gordon[24] in seinen einleitenden Worten sagt, Fertigkeiten zu vermitteln, die es ermöglichen, Metaphern für den therapeutischen Kontext zu formulieren und wirkungsvoll einzusetzen. Über den bei Gordon bereits in der Zielstellung erkennbaren, bedeutsamen psychotherapeutischen Rahmen hinaus, der, wie allgemein bekannt, nur ein Teil des NLP ist und auf seine Anfänge verweist, in denen Gordons Buch entstand, möchte ich Ihre Aufmerksamkeit auf eine allgemeinere Ebene heben, indem ich frage, wie Metaphern im NLP-Konzept einzuordnen sind und darüber hinaus wo und wie sie heute genutzt werden.

Eine (aus meiner Sicht vorläufige) Antwort auf diese Frage finden Sie in den folgenden Abschnitten: Der **erste Abschnitt** ordnet die Metapher in das NLP-Konzept ein und dokumentiert NLP-Anwendungen, die explizit mit Metaphern arbeiten; im **zweiten Abschnitt** finden sich Aspekte, die nach den zumeist nur randständigen Hinweisen in der NLP-Fachliteratur als bedeutsam für die Gestaltung und die Präsentation von Metaphern gelten; der **dritte Abschnitt** dokumentiert Aussagen von ausgewählten NLP-Autoren zu den Effekten der Metaphern, die (zumindest) ein vorläufiges (hypothetisches) Bild zur Beantwortung dieser wichtigen Teilfrage entstehen lassen; und schließlich beinhaltet der **vierte Abschnitt** eine vorläufige Skizze dafür, wie Metaphern im Rahmen der NLP-Ausbildung vermittelt werden können. Im **Anhang** zu meinem Buch präsentiere ich ein Lehrbeispiel von Milton H. Erickson, das exemplarisch veranschaulicht, was bei dem Zauberer, Magier und Genie Erickson, der das Arbeiten mit Metaphern und das gesamte NLP nachhaltig beeinflußt hat,[25] hinter der Bühne passierte. Dort können Sie beobachten, wie Erickson einen Forschungsansatz und eine Intervention entwickelt und evaluiert,[26] und dabei eine tiefe Einsicht in das, was beim Arbeiten mit Metaphern zumeist intrapersonal geschieht, entwickeln. Im Anschluß daran finden Sie metaphorische Sprachmuster, die von Grinder und Bandler als bedeutsam erachtet werden für das Arbeiten mit Metaphern, sowie eine Skizze der qualifizierten NLP-Ausbildung.

Was ich Ihnen hier präsentiere, ist als Versuch zu betrachten, das, was sich heute in der auch für den Eingeweihten immer unüberschaubareren NLP-Literatur mehr oder weniger verstreut zum Thema Metaphern findet, zu systematisieren und in einen gewissen experimentellen Rahmen zu stellen. Das erscheint mir deshalb dringend geboten, weil für das NLP epistemologisch und von seinem konstruktivistischen Selbstverständnis[27] her die Metapher das bedeutsamste Sprach- und Kommunikationsmittel des Neuro-Linguistischen Programmierers ist, aber eben zugleich auch das am nachlässigsten dokumentierte. Schon von daher hoffe ich, mit meinen Bemühungen eine Tür aufzustoßen, die hier eine neue Perspektive öffnet und andere Autoren dazu verführt, sich mit diesem Thema grundlegender und konturierter zu befassen, als es mir meine eigene Systematik ermöglichte.

Metapher 1
Mönch und Ochse

Da fällt mir die Zen-Story über einen Mönch ein (sehr witzig, haha), der, nachdem er vergeblich versucht hatte, mit normalen Mitteln Erleuchtung (Bewußtseinsveränderung) zu erlangen, zu seinem Lehrer ging. Dieser riet ihm, an nichts anderes zu denken als an einen Ochsen.

Fortan meditierte der Mönch Tag für Tag über den Ochsen, stellte ihn sich vor, zerbrach sich den Kopf über den Ochsen.

Schließlich kam der Lehrer eines Tages zur Zelle des Mönchs und sagte: „Komm heraus, ich habe mit dir zu reden."

„Ich kann nicht", antwortete der Mönch. „Meine Hörner passen nicht durch die Tür."

Ich kann nicht... Bei diesen Worten erlangte der Mönch die Erleuchtung. ... Er hatte sich eingebildet, ein Ochse zu sein, und als er aus diesem hypnoseähnlichen Zustand erwachte, durchschaute er die Mechanismen aller Illusionen und Täuschungen auf der Welt und erkannte, wie sehr wir in ihrem Banne stehen.

Robert Anton Wilson[28]

17

1 Metaphern im NLP-Konzept

Der Zugang zum Verständnis und zur Einordnung der Metapher innerhalb des NLP-Konzepts soll hier auf zwei Wegen erfolgen, die miteinander untrennbar verwoben sind: Zum einen ist es die Metapher als methodische Komponente der NLP-Konstrukte und zum anderen die Spannweite der Variationen ihrer Nutzung.

1.1 Systematik der NLP-Methode

Bevor ich mich der Methodik des NLP-Konzepts zuwende, möchte ich erstens vorausschicken, daß es einen Unterschied macht, ob ich die Kategorie Hypnose nutze und damit über den Weg in die Trance rede oder über Trance rede, und damit über einen gewissen Zustand.[29] Auch ist zu unterscheiden, ob ich über NLP-Technik (Werkzeug) spreche oder über ihre Nutzung (Methodik). Wenn ich über einen Satz Werkzeuge verfüge, der für die Reparatur eines Autos erforderlich ist, heißt das nicht, daß ich das Auto reparieren kann – es sei denn, ich weiß, wie man diese Werkzeuge sinnvoll nutzt.[30] Die Werkzeuge sind das eine bedeutsame, und die Methodik für ihre Nutzung ist das andere. Und zweitens hebe ich hervor, daß das NLP als subjektive Wissenschaft mit dem Anspruch der Nützlichkeit, die tief in den Kognitionswissenschaften (vgl. Abb. S. 20) verwurzelt ist, ebenso wie andere Konzepte oder Fachrichtungen auf bestimmten Grundannahmen, Axiomen oder besser Glaubenssätzen gründet, mit denen sich die Neuro-Linguistischen Programmierer zumeist identifizieren[31].

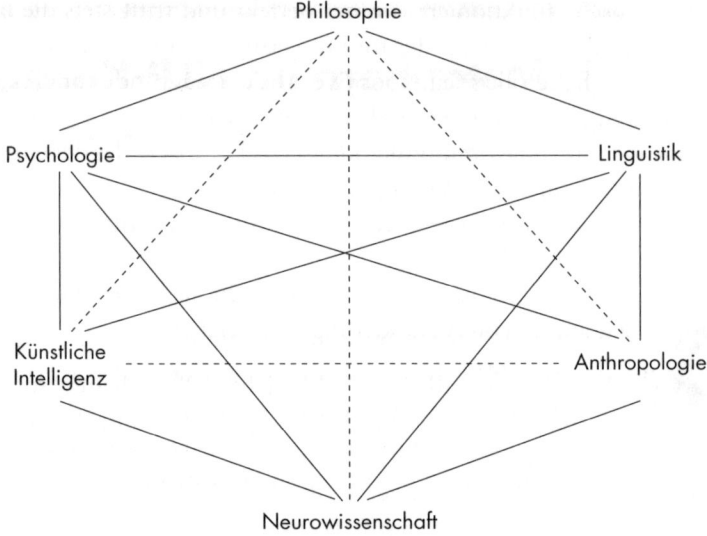

Das NLP (Neuro-Linguistisches Programmieren) ist tief in den Kognitionswissenschaften verwurzelt, zu denen insbesondere die oben systematisierten Disziplinen zählen. Die Graphik veranschaulicht die Vernetzung der Kognitionswissenschaften – durchgezogene Linien heben starke interdisziplinäre Verbindungen hervor, gestrichelte Linien verweisen auf schwache Verbindungen.

Kognitionswissenschaften – aus: Gardner 1992, S. 49

Diese Wahrnehmungsfilter des NLP[32], die durchgängig auf ein hoffnungsvolles Menschenbild verweisen,[33] sind als nicht überprüfbare Grundannahmen[34] tragende Elemente des NLP und der in diesem Kontext entwickelten Methoden. Als wichtigste Annahmen gelten nach Stahl[35]:

1. Menschen reagieren auf ihre subjektive Abbildung der Wirklichkeit und nicht auf die äußere Realität.
2. Geist und Körper sind Teile des gleichen kybernetischen Systems und beeinflussen sich wechselseitig.
3. Viele Verhaltensmöglichkeiten sind wichtig, weil ein System immer von dem Element kontrolliert wird, das am flexibelsten ist.

20

4. Ein Mensch „funktioniert" immer perfekt und trifft stets die beste Wahl auf der Grundlage der für ihn verfügbaren Informationen.
5. Jedem Verhalten liegt eine positive Absicht zugrunde, und es gibt zumindest einen Kontext, in dem es nützlich ist.
6. Das Ergebnis von Kommunikation ist das Feedback, das der einzelne bekommt; Fehler oder Versagen gibt es nicht.
7. Kann ein Mensch lernen, etwas Bestimmtes zu tun, können es grundsätzlich alle Menschen.
8. Menschen verfügen über alle Ressourcen, die sie brauchen, um eine von ihnen angestrebte Veränderung zu erreichen.

Diese Grundannahmen werden von NLP nicht als Wahrheiten, sondern als nützlich apostrophiert. Sie sind für NLP kein Datum, können also verändert oder ergänzt werden. Schon von daher gelten sie auch nur als variable Bestandteile des NLP, deren Akzeptanz jedoch für die effektive Anwendung der NLP-Methoden stets (implizit) vorausgesetzt wird.

Sind die Annahmen und die Abgrenzung von Werkzeug und Methode akzeptiert, öffnet sich die Perspektive für die methodische Seite des NLP mit ihren vielfältigen und komplex miteinander verwobenen Konstrukten, die sich, werden als Kriterien Weg und Effekt zugrunde gelegt, grundsätzlich und vereinfacht als abgrenzbare prozessual-systemische Vorgehensweisen mit Hilfe von acht Feldern klassifizieren und einordnen lassen:

Feld 1: S.C.O.R.E.-Modell[36]
Die Kategorie S.C.O.R.E. steht für „Symptoms, Causes, Outcome, Resources and Effects", und das Modell selbst ist das bedeutsamste diagnostische Instrument des NLP, das genutzt wird, um die primär notwendigen Komponenten für die effektive Organisation eines Ziels bzw. einer gewünschten Veränderung zu identifizieren, die dann mit Hilfe einer oder mehrerer der nachstehend aufgeführten und erläuterten Methoden erreicht werden soll.

Feld 2: Technikmethode[37]
Vorgehensweise, bei der Interventionen (zumeist) nach formalisierten Mustern erfolgen; die NLP-Technik selbst strukturiert und leitet hier das methodische Vorgehen.

Feld 3: Metamethode (Meta-Modell[38])

Vorgehensweise, bei der (implizit) Trance-Phänomene mit Hilfe bestimmter Fragen erzeugt werden, um eine durch Verzerrung (Tilgung und Generalisierung gelten als Sonderfälle der Verzerrung)[39] entstandene Oberflächenstruktur mit der Tiefenstruktur zu verbinden. Diese Methode wird bei der Anwendung der NLP-Techniken genutzt, ist aber auch eigenständig anwendbar.

Feld 4: Hypnomethode (Milton-Modell[40])

Vorgehensweise, bei der (explizit) Trance-Phänomene mit Hilfe hypnotischer Sprachmuster erzeugt werden. Die hypnotischen Sprachmuster gelten nicht als eigenständige Methode[41], sondern als Komplementärmethode, die in Kombination mit anderen Methoden flexible Anwendung der NLP-Techniken ermöglicht. NLP-Techniken setzen in der Regel beim Anwender die Fähigkeit zur hypnotischen Kommunikation[42] voraus. Die zumeist mit Milton-Modell überschriebenen hypnotischen Sprachmuster werden in der NLP-Fachliteratur (pauschal) als Umkehrung des Meta-Modells charakterisiert[43].

Feld 5: Metaphermethode (Metaphern-Modell[44])

Vorgehensweise, bei der durch Vergleich, Vortrag subjektiver Erfahrung und/oder nach gewissen Kriterien entwickelter oder ausgewählter Geschichten, Parabeln oder ähnlichem innere Suchprozesse (Trance-Phänomene und/oder -Zustände) initiiert werden. Die Metaphermethode ist eine eigenständige Methode, die dem Anwender besonders in Kombination mit den zuvor genannten Methoden ein hohes Maß an Flexibilität und Effektivität verspricht.

Feld 6: Feedbackmethode[45]

Vorgehensweise, bei der (explizit) innere Suchprozesse mit Hilfe verschiedener Feedbackmuster ausgelöst werden. Die Feedbackmuster gelten im NLP-Konzept ebenso wie die NLP-Hypnomethode nicht als eigenständige Technik, sondern als universelle Komplementärmethode. Obwohl die Feedbackmuster zum grundlegenden und universellen Handwerkszeug des Neuro-Linguistischen Programmierers zählen, können sie ungeachtet dessen auch eigenständig genutzt werden.

Feld 7: Globalmethode

Vorgehensweise, bei der spontan oder intentional innere Suchprozesse mit humorvollen Interventionen eingeleitet und gesteuert werden. Die Globalmethode ist ebenso wie andere übergreifende Methoden keine eigenständige NLP-Technik, sondern eine Komplementärmethode. Obwohl diese Methode, das Arbeiten mit Humor, zum grundlegenden und universellen Handwerkszeug des Neuro-Linguistischen Programmierers zählt, ist sie auch eigenständig nutzbar.

Feld 8: Unified Field Theory[46]

Eine bisher erst skizzenhaft vorliegende System-Matrix[47], die nach O'Connor und Seymour[48] das Spektrum der Persönlichkeitsvariablen des NLP formal integriert und einen begrifflichen Arbeitsraum für fortgeschrittene NLP-Interventionen[49] zur Verfügung stellt. Die Unified Field Theory ermöglicht die grundlegende Beschreibung aller NLP-Techniken[50] und des NLP-Modells, seiner Philosophie und Epistemologie sowie die synergetische Integration anderer Modelle und Konzepte in das NLP.

Eingewoben werden diese acht Felder durch die sogenannten Basisfähigkeiten der Neuro-Linguistischen Programmierer, die NLP-Grammatik oder -Syntax, auf denen sie auch prozessual gründen und die als Grundfertigkeiten für jede exzellente Kommunikation gelten. Dazu zählen unter anderem das Herstellen und Aufrechterhalten von Rapport, der die aus den NLP-Grundannahmen abgeleitete Akzeptanz des Weltbildes des Gesprächspartners beinhaltet und eine Haltung, die geprägt ist durch ein optimistisches Menschenbild und durch die Idee des Konstruktivismus[51], die unübersehbar in den NLP-Grundannahmen durchscheinen. Dabei gründet die Idee des Konstruktivismus nach Watzlawick und Kreuzer[52] auf der These, daß die (sogenannte) Wirklichkeit das Ergebnis von Kommunikation sei und jeder Mensch in diesem kommunikativen Prozeß seine eigene Wirklichkeit erzeuge. Von daher könne der Mensch nicht feststellen, was die Wirklichkeit sei, sondern nur am Scheitern seiner Hypothese über die Wirklichkeit erfahren, was sie nicht sei. Das habe erstens zur Konsequenz die Toleranz für die Wirklichkeiten anderer, die ebensoviel Berechtigung haben müssen wie die eigene, und zweitens sei der Mensch für seine Wirklichkeit absolut verantwortlich und könne diese Verantwortlichkeit nicht auf seine Umwelt projizieren.[53] Mit der Präsentation dieser Idee ist bereits der wesentliche Teil des Fundamentes[54], auf dem das NLP-Konzept errichtet wurde,[55] freigelegt, denn die Entwicklung des NLP von einer kleinen Werkstatt für psychotherapeutische Interventionsmuster für bereits vorhandene Konzepte zu einem allgemein anerkannten und außerordentlich erfolgreichen Konzept für Kommunikation und Veränderung[56] ist im wesentlichen eine philosophische und pragmatisch-effektive Anwendung der konstruktivistischen Idee.

Auf dieser Grundlage und in diesem Kontext wird von den Neuro-Linguistischen Programmierern für das Herstellen und Aufrechterhalten des Rapports insbesondere das sogenannte Pacen und Leaden genutzt, die ebenfalls als Basisfähigkeiten gelten. Dabei beinhaltet Pacen das verbale und nonverbale Spiegeln des aktuellen Erlebens des Klienten und Leaden das Führen des Klienten zu dem von ihm, dem Klienten, gewünschten Erleben. Einen tragfähigen Rapport zwischen den Gesprächspartnern vorausgesetzt, verschwimmen in diesem Prozeß bereits sehr bald das aktuelle und das gewünschte Erleben und sind für den Klienten nicht mehr unterscheidbar. Damit scheint ihm ein Prozeß so evident wie der andere mit der Folge, daß sich neue und zumeist auf vielen Ebenen wirksame generative Verhaltensoptionen entwickeln zugunsten einer Persönlichkeit, die charakterisiert ist durch verhaltensmäßige Flexibilität und Variabilität und als übergreifendes Anliegen des NLP gilt.

„NLP beschäftigt sich mit den generativen Prinzipien des Verhaltens und nicht mit den Inhalten, denn die Vielzahl der Inhalte ist unendlich kompliziert und verwirrend. NLP konzentriert sich auf die Form und haftet deshalb nicht an bestimmten Verhaltensinhalten an. Unter diesem Gesichtspunkt stellt sich uns die Evolution des Verhaltens im Gegensatz zur »Spezialisierung« dar, die oft nur eine Vertrautheit mit Inhalten ist."[57]

Um dieses Faktum hervorzuheben, wird das Neuro-Linguistische Programmieren oftmals auch als „Generativer Ansatz" oder „Ansatz der Bereicherung"[58] bezeichnet, der Klienten optionale Strategien[59] für Lernen, Motivation, Kreativität, Glauben (Überzeuger-Strategie), Entscheidungsfindung und Erinnerung anbietet, die nach Auffassung der Neuro-Linguistischen Programmierer am bedeutsamsten und am generativsten (im Sinne von Flexibilität und Variabilität im Verhalten) sind, da diese kleine Anzahl von Strategien die meisten grundlegenden Operationen enthält, um – unabhängig vom Inhalt der Situation – auf die (eigenen) Ressourcen zugreifen zu können, die benötigt werden, um ein gewünschtes Ergebnis zu erzielen.[60]

Geradezu beispielhaft für die Abgrenzung der in dem oben entwickelten Felder-Modell aufgelisteten Vorgehensweisen und ihre Kombination ist das von Thies Stahl entwickelte PeneTrance-Modell[61], das von ihm selbst exemplarisch „für das generelle Vorgehen des NLP in der Veränderungsarbeit"[62] bereits am ersten Wochenende in der Ausbildung zum NLP-Practitioner vermittelt wird. Da die angehenden NLP-Practitioner zu diesem Zeitpunkt weder das S.C.O.R.E.-Modell noch die Metamethode, hypnotische Sprachmuster, Metaphern oder das systematische Feedback sowie das Arbeiten mit Humor als Methode (bewußt) zur Verfügung haben und auch grundsätzlich nichts von der Unified Field Theory wissen werden, nutzen sie nach der von mir entwickelten Systematik die Technikmethode, das heißt, die Intervention erfolgt grundsätzlich nach formalisiertem Muster; es ist also das PeneTrance-Modell selbst, das das methodische Vorgehen strukturiert und leitet. Eignen sich die Anwender in einer späteren Phase ihrer Ausbildung das S.C.O.R.E.-Modell sowie die Meta- und die Hypnomethode an, und beginnen sie die Basisfähigkeiten zu integrieren, können sie mit einer Kombination von Technikmethode sowie Meta- und Hypnomethode das PeneTrance-Modell effektiver und erfolgreicher nutzen als zuvor. Erwerben sie in einem weiteren Schritt die methodische Fähigkeit, bewußt und systematisch mit Metaphern und den Feedbackmustern sowie mit der Globalmethode zu arbeiten, werden sie diese Methoden mit denen flexibel kombinieren, über die sie bereits verfügen. Und eignen sie sich dann in einem folgenden Schritt die Unified Field Theory an, besitzen sie einen begrifflichen Arbeitsraum für fortgeschrittene NLP-Interventionen und deren Entwicklung.

Die gewählte Reihenfolge der Methoden ist weder ein Votum für oder gegen eine Methode, noch soll oder kann sie als Wertung der Methoden fungieren. Vielmehr ist in Anlehnung an Grinder und Bandler[63] zu betonen, daß das Hauptkriterium für den Wert einer Methode nicht ist, ob sie funktioniert, sondern wie gut sie funktioniert. Thies Stahl[64] sagt, Flexibilität und Variabilität im Verhalten sei eine Möglichkeit, psychische Gesundheit zu definieren. Und ebenso wird gelten, daß die methodische Flexibilität ein wichtiges Kriterium für die erfolgreiche Anwendung der NLP-Techniken ist. Das heißt, man beginnt mit einer Methode, und tritt die gewünschte Reaktion nicht ein, geht man fließend zu einer anderen Methode über. Stellt sich die Reaktion immer noch nicht ein, geht man zur nächsten Methode über oder zu einer Kombination von Methoden. Der Klient, so Grinder und Bandler[65], werde nie erfahren, daß man zunächst eine Methode ausprobiert habe, und als die nicht gut funktioniert habe, zu einer anderen übergegangen sei.

„Die Bedeutung dessen, was Sie mitteilen, zeigt sich in der Reaktion des anderen. Wenn Sie das als leitendes Prinzip annehmen, dann wissen Sie, falls Sie einmal die erwünschte Reaktion nicht bekommen, daß Sie nun Ihr Verhalten ändern müssen, bis Sie Erfolg haben."[66]

Und methodische Flexibilität ist eben auch eine notwendige Bedingung, um der Anweisung nachzukommen: „Wenn das, was du tust, nicht funktioniert, tue etwas anderes", die nach Stahl[67] zu den häufigsten Anweisungen von NLP-Trainern gehört. Wenn das, was jemand tut, nicht funktioniert, hat nämlich jedes andere Verhalten mehr Aussicht auf Erfolg als das, was er gerade probiert.[68] Doch ist dieses Wissen über die Nutzung der unterschiedlichen Methoden überhaupt verfügbar?

Während Technikmethode, Metamethode und Hypnomethode in der NLP-Fachliteratur grundsätzlich ausreichend dokumentiert sind und die Basisfähigkeiten im Rahmen der konventionellen NLP-Ausbildung zumeist hinreichend vermittelt werden, bleiben das S.C.O.R.E.-Modell, die Feedbackmethode und die Globalmethode sowie die Unified Field Theory meist unbeachtet oder werden im günstigsten Falle nur randständig erwähnt, und es fehlt vor allem eine systematische Erörterung der Metaphermethode, der die nun folgenden Kapitel ausschließlich gewidmet sind.

1.2 Einfache und komplexe Formate

Innerhalb des NLP-Konzepts finden sich eine Reihe von Anwendungen, die der Metaphermethode zugeordnet werden können. Dabei handelt es sich um Vorgehensweisen, bei denen eine Metapher in beliebigen Kontexten systematisch oder spontan für die Herstellung von Rapport sowie zum Pacen und Leaden genutzt wird, um die sogenannte Doppelinduktion als eine Variante dieses Vorgehens, um das Grinder-Format, um verschachtelte Geschichten (Nested Loops), um das verdeckte Arbeiten mit standardisierten NLP-Techniken mit Hilfe von Metaphern sowie um die Feedback- und die Globalmethode. Die angesprochenen Vorgehensweisen sind in der NLP-Fachliteratur sowohl hinsichtlich der methodischen Nutzung als auch im Blick auf die erörternde Darstellung teilweise sehr nachlässig dokumentiert, und einige werden nach meinem Kenntnisstand ausschließlich in Seminaren vermittelt und sind außerhalb dieses Kontextes nicht verfügbar.

a) Pacen und Leaden

Ein Beispiel für die Arbeit mit einzelnen Metaphern im Kontext der Psychotherapie wurde von Cameron-Bandler[69] dokumentiert. Beachten Sie dabei bitte besonders, wie von Cameron-Bandler der Rapport hergestellt und aufrechterhalten wird, wie Cameron-Bandler ihre Klientin paced und leaded und wie sie eine Verhaltensweise für die Veränderung auswählt, die natürlicherweise im Kontext ihrer Klientin auftritt. Für die Klientin werden sich bei dieser Vorgehensweise schon bald das aktuelle Erleben und das gewünschte Erleben verwischen und damit das Pacen und das Leaden fließend ineinander übergehen.

„Eine attraktive Frau namens Dot kam zur Beratung. Sie wollte lernen, ihre Promiskuität zu kontrollieren, und suchte deswegen um Hilfe nach. Sie war mit einem guten Mann verheiratet (so ihre Beschreibung) und hatte zwei liebe Kinder, aber ließ sich, wann immer und mit wem immer es möglich war, auf außereheliche Beziehungen ein. Sie wollte dieses Verhalten abstellen. Ich gebrauchte die folgenden Elemente ihrer Schilderung, um eine therapeutische Metapher aufzubauen. Wie so viele attraktive Frauen war Dot um ihre schlanke Linie besorgt (obwohl sie keinesfalls zu dick war), und daher verwendete ich diesen Inhaltsbereich, um die Metapher wie eine natürliche Ausweitung unserer therapeutischen Interaktion erscheinen zu lassen.

Problembeschreibung	**Therapeutische Metapher**
Diese Promiskuität führt sie zum Verlust ihres Ehemannes und ihrer Selbstachtung.	Eine Frau auf dem Weg zur Fettleibigkeit.
Dot kann der Versuchung, die andere Männer für sie darstellen, nicht widerstehen.	Eine Frau, die nahrhaften Nachspeisen und gutem Essen nicht widerstehen kann, wenn sie auswärts ißt.
Dot findet außerehelichen Sex aufregender.	Diese Frau liebt es, außer Haus zu essen.
Dot ist mit den sexuellen Beziehungen in ihrer Ehe unzufrieden.	Diese Frau stochert in ihrem eigenen hausgemachten Essen nur herum.
Jede außereheliche Erfahrung produziert mehr Schuld und bringt sie dem Verlust ihres Ehemannes näher.	Jedes auswärts verspeiste Mahl produziert mehr Fett.
Dots Schuld wird so schmerzhaft, daß sie etwas dagegen tun muß. Sie kann nachts nicht schlafen usw.	Die dicke Dame muß etwas gegen ihre Gewohnheiten tun. Sie paßt nicht mehr in ihre Kleider.
Dot hatte nie befriedigendes Sexualverhalten zusammen mit ihrem Mann entwickelt.	Die dicke Dame hatte nie gelernt, etwas Schönes für sich selbst zu kochen.

Bis hierhin ist jedes Element in der konstruierten Metapher isomorph (d.h., es besteht eine Eins-zu-eins-Beziehung in der Struktur) zum vorliegenden Problem. Die Elemente spiegeln das vorliegende Problem durch ihre zum Problem analoge Form. Der nächste Schritt besteht nun darin, von der Spiegelung des Problems zu einer Lösung auf der Verhaltensebene überzugehen.

Die erwünschte Reaktion, auf die die Metapher aus ist, besteht darin, daß Dot ihr Verhalten ändert, und zwar so, daß es zu einer Problemlösung kommt. Die Geschichte muß daher bei der fettsüchtigen Frau – von der Dot ja metaphorisch repräsentiert wird – für eine Verhaltensänderung sorgen.

Problemlösung	Metaphorische Lösung
Dot soll Energie darauf verwenden, stimulierende und befriedigende sexuelle Erlebnisse mit ihrem Mann herbeizuführen.	Die Frau machte sich daran, die Küche umzustellen. Sie begann Kochbücher zu lesen, um geeignete Gerichte zu finden, und begann damit zu experimentieren, gesunde und bekömmliche Mahlzeiten zu bereiten.
Dot soll zu Hause die notwendige Befriedigung finden.	Mit der Zeit, schneller als man vermuten würde, stellte sie fest, daß es in den Restaurants nichts gab, was an ihre eigenen heimischen Schöpfungen heranreichte, und sie hatte nicht mehr das Bedürfnis, sich anderswo vollzustopfen, da sie ja nun zu Hause ihre Befriedigung fand.
Dot ist stolz auf ihre Ehe und ihre sexuelle Beziehung zu ihrem Ehemann.	Schlank und rank, wie diese Frau jetzt ist, ist die einst dicke Frau ebenso stolz auf ihr eigenes kulinarisches Geschick wie auf ihre straffe Figur.

Dies sind nun die Elemente einer therapeutischen Metapher, die erdacht sind, ein bestimmtes Ergebnis herbeizuführen. Außerdem werden das Ankern und verschiedene andere nonverbale wie verbale Techniken bei diesem Prozeß des Geschichtenerzählens eingesetzt; sie sollen dazu beitragen, daß er funktioniert."

Cameron-Bandler[70] sieht den besonderen Vorteil von Metaphern darin, daß Menschen darauf reagieren, ohne sich angestrengt bemühen zu müssen. Ihnen sei zwar durchaus bewußt, daß etwas geschehe, doch sie wüßten nicht genau, was oder wie es geschehe – und damit sei es ihrem Bewußtsein eben auch nicht möglich, den Prozeß der angestrebten Veränderung zu stören und/oder zu beeinflussen. Menschen repräsentieren nach Gordon[71] ihre Erfahrungen zumeist auf vielen verschiedenen Ebenen der Realität, und eine Realitätsebene repräsentiere die Erfahrung ebenso wahrheitsgetreu wie jede andere. Diese Äquivalenz der Repräsentationen mache Metaphern zu so wirksamen Veränderungsmitteln und Sie fähig, diese Seite voller Hieroglyphen zu lesen. Schließlich sei es so, daß immer, wenn Sie ein Märchen oder eine Anekdote erzählen, mindestens drei Realitäten geschichtet werden: die

Realität Ihres Gesprächs mit dem Klienten, die Realität, in der der Klient sein Problem repräsentiere, und die Realität der Metapher, die das Problem des Klienten repräsentiere.[72]

Einige weitere Beispiele für die Nutzung einzelner Metaphern, hier für das „Geschäftslebens", hat Laborde[73] dokumentiert, die pauschal betont, daß das Arbeiten mit Metaphern immer dann nützlich sei, wenn die indirekte Kommunikation der direkten Kommunikation vorzuziehen sei. Beachten Sie bitte auch bei dem für unsere Zwecke ausgewählten Beispiel, wie Laborde[74] den Rapport herstellt und aufrechterhält, wie sie die Adressaten der Metapher paced und leaded, um sie zu unterstützen, die gewünschte Veränderung zu vollziehen, und eine Verhaltensweise für die Veränderung wählt, die im Kontext ihrer Adressaten auftritt.

„Vor einiger Zeit erhielt ich einen Brief von einem Manager einer großen Gesellschaft, der mich bat, für ihn eine Metapher zu entwerfen. Er hatte es versucht und war nicht fähig gewesen, eine zu entwerfen, die er mochte. Seine Situation war so: Aufgrund eines althergebrachten Grundsatzes in seiner Firma bekamen Personen, die keine besonders gute Arbeit leisteten, fortwährend routinemäßig Gehaltserhöhungen, während andere, die außergewöhnliche Beiträge lieferten, keine Belohnungen erhielten, die für ihre Anstrengungen angemessen gewesen wären. Er hatte Zugang zum Vorstand und wünschte sich eine Metapher, die nicht allzu sehr verkleidet war.

Also berichtete ich ihm von einem Bauern, der eine Scheune hatte, in der ungefähr ein Dutzend Mäuse sich häuslich eingerichtet hatten. Die Mäuse waren eine Plage und fraßen die Getreidevorräte. Der Bauer hatte sechs Katzen, die eigentlich Mäusefänger sein sollten, aber die Mäuse vermehrten sich fortwährend. Die Katzen lagen den ganzen Tag in der Sonne und feierten die ganze Nacht, und die Mäuse gediehen prächtig. Schließlich fing eine alte graue Katze eine Maus und brachte sie dem Bauern. Er goß sofort dicken Rahm in eine Untertasse für die Katze. Die anderen Katzen bekamen an diesem Abend karge Rationen, während die graue Katze ein vorzügliches Abendessen bekam. Am nächsten Tag fing die graue Katze drei Mäuse, und wieder wurde sie von dem Bauern belohnt. Am dritten Tag war die Scheune frei von Mäusen. Der Bauer holte die alte Katze in die Küche, wo ihre Untertasse immer bis zum Rand mit Rahm gefüllt war.

Lassen Sie uns anschauen, inwiefern die Schlüsselkomponenten in dieser Metapher den Schlüsselkomponenten der Geschäftssituation entsprechen.

Parallele Schlüsselkomponenten

Personen	Katzen
mit der Arbeit nicht fertig werden, aber Belohnungen bekommen	keine Mäuse fangen, aber fett werden und die ganze Nacht feiern
Ziel: diejenigen belohnen, die eine Belohnung verdienen	Ziel: die alte Katze wird ins Haus geholt und bekommt Rahm

Der Geschäftsmann verwendete diese Metapher beim Vorstand. Einen Monat später rief er an, um zu sagen, daß seine Firma an einer Reihe von neuen Grundsätzen für die Anerkennung und Belohnung von Beiträgen der Angestellten arbeitete."

Wie bereits oben angesprochen und mit Hilfe der Beispiele veranschaulicht, zielt jede Nutzung von Metaphern auf eine Reaktion (Feedback). Die Reaktion ist nach Laborde[75] der Indikator dafür, ob die Metapher erfolgreich war oder nicht. Die Reaktion könne unter Umständen sehr schwach sein, wenn sie vom Unbewußten komme, aber es sei sicher, daß eine Reaktion komme. Und auch das Ausbleiben einer Reaktion („Auch keine Veränderung ist eine Reaktion und daher Information."[76]) ist ein bedeutsames Feedback für den Anwender der Metapher.[77]

b) Doppelinduktion

Für die Doppelinduktion ist charakteristisch, daß einer Person von zwei Sprechern eine oder mehrere Metaphern zeitgleich erzählt bzw. Suggestionen oder Instruktionen zeitgleich (auch kombiniert) gegeben werden. Dabei nutzt ein Sprecher für seinen auditiven Input das rechte Ohr dieser Person und der andere für seinen auditiven Input das linke Ohr. Grinder und Bandler[78] bezeichnen die Technik der Doppelinduktion[79] als Spezialfall des Überladens der bewußten Wahrnehmung. Damit das gelinge,[80] sei es wichtig, viele Wahrnehmungkanäle zu beteiligen. Das Überladen ziele darauf,[81] Informationen direkt in das Unbewußte zu senden, und die Person werde entsprechend reagieren. Am leichtesten erreiche man das, wenn der Mensch, um den es gehe, sich auf ein komplexes inneres Erleben konzentrieren müsse. „Wenn jemand innenorientiert ist, wird er Ihren Suggestionen bruchlos folgen, denn Sie umgehen sein Bewußtsein. Solche Suggestionen kann er in keiner Weise mehr filtern oder abwehren."[82]

Bei der Beschreibung der Doppelinduktion verweisen Grinder und Bandler[83] auf eine „lebendige Schilderung" von Castaneda[84], die diese Technik erhelle.

„Wie immer, wenn ich mit ihnen zusammen war, setzte ich mich automatisch so, daß Don Juan rechts und Don Genaro links von mir saßen und wir ein Dreieck bildeten."[85]

Don Juan spricht in das rechte Ohr von Carlos Castaneda und Don Genaro gleichzeitig in dessen linkes Ohr.

„Don Juans Erklärung wirkte auf mich wie ein Katalysator. Don Genaros Geschichte traf mich mit ihrem vollen Gewicht, als ich anfing, seine Erzählung mit meinem eigenen Leben in Verbindung zu bringen."[86]

Was die Menschen berichteten, mit denen Grinder und Bandler[87] eine Doppelinduktion gemacht hätten, entspreche genau dem, was Castaneda beschreibe: Man fühle sich in seinem Innersten regelrecht gespalten. Aufgrund der Beschreibung von Castaneda könne man sagen, daß Castaneda jemand sei, der, wenn er Bilder und Wörter wahrnehme, sehr darauf achte, welche Empfindungen sich bei ihm daraus entwickkeln. Bei solchen Menschen rufe ein doppelter auditiver Input das Gefühl von körperlicher Spaltung hervor. Jede Botschaft werde von der gegenüberliegenden Gehirnhälfte verarbeitet, und die daraus resultierenden Empfindungen erlebe er in derselben Körperhälfte wie den auditiven Input. Der Unterschied zwischen den beiden auditiven Inputs in jeweils einem Ohr führe zu unterschiedlichem Erleben in den beiden Körperhälften. Der Unterschied zwischen den zwei Arten von Körpererleben werde auf der Mittellinie am stärksten sein, und daraus entstehe das Gefühl, aufgespalten oder zerteilt zu sein.

Der hier deutlich werdende Effekt der Doppelinduktion wird auch von anderen Autoren beschrieben. So verweisen etwa Andreas und Andreas[88] darauf, daß es für viele Menschen nicht möglich sei, gleichzeitig zwei verschiedene Stimmen bewußt wahrzunehmen. Also werde die, die nicht bewußt verfolgt werden könne, unbewußt verarbeitet. Bei simultanem Input auf beiden Ohren neige bei einem Menschen mit Standard-Zugangshinweisen die rechte Hemisphäre dazu, den Input vom linken Ohr zu verarbeiten und umgekehrt.

Grinder und Bandler[89] nutzen die Technik der Überladung als eine Möglichkeit, einen Keil in das Erleben des Klienten zu treiben, um den Prozeß der Trance in Gang zu bringen und den Bewußtseinszustand, mit dem dieser Mensch zur Behandlung komme, aufzubrechen, um dann die Situation damit zu verknüpfen, was hervorgerufen werden solle – zugunsten eines flexibleren, flüssigeren Zustandes.

c) Grinder-Format

Das Präsentationsformat von John Grinder ist in dem hier erörterten thematischen Kontext bedeutsam, weil es explizit Metaphern für die Schritte der Vermittlung verwendet. Bei der Darstellung des Grinder-Formats orientiere ich mich an der Adaption von Kluczny[90].

Das Grinder-Format erstreckt sich über insgesamt neun Schritte, die (grundsätzlich) in der angegebenen Reihenfolge prozessiert und bevorzugt bei der Arbeit mit Gruppen in didaktischen Kontexten genutzt werden.

Schritt 1: Zielrahmen
Zu Beginn der Präsentation werden die Ziele des Seminars offengelegt, das heißt, was sollen die Teilnehmer des Seminars am Ende der Veranstaltung wissen und/oder können (orientierende Richt- und/oder Groblernziele als sehr allgemeiner Rahmen).

Schritt 2: Allgemeine Metapher
Die Präsentation dieser Metapher richtet sich vordergründig noch nicht auf Vermittlung der Seminarinhalte, sondern auf die Erzeugung von

Motivation – das heißt, sie führt die Teilnehmer zwar verdeckt durch die Lernschritte, weckt aber insbesondere Aufmerksamkeit und Neugierde für das, was es zu lernen gilt.

Der Einsatz und der Nutzen von allgemeinen Metaphern beziehen sich, so Kluczny, auf die Utilisierung[91] unbewußter Erfahrungen und Ressourcen der Teilnehmer. Sie erlaube den Zugang zu einer analogen, ähnlichen Erfahrung und die Entfaltung einer neuen Erfahrung sowie die Einbindung persönlicher Werte, Kriterien und unbewußter Voraussetzungen bei dem einzelnen Teilnehmer.

Schritt 3: Besondere Metapher

Durch diese Metapher werden den Teilnehmern die Erfahrungen des Trainers mit dem thematischen Inhalt des Seminars und/oder dessen Anwendung präsentiert. Der Nutzen dieses Schrittes ist immer dann sehr hoch, wenn die präsentierten Erfahrungen mit ähnlichen Erfahrungen der Teilnehmer korrespondieren und/oder metaphorisch verknüpft werden können.

Schritt 4: Offene Demonstration

Bei Demonstrationen wird zwischen verdeckten und offenen unterschieden. Die verdeckte bereitet metaphorisch auf die offene vor – mit dem Effekt, daß die Teilnehmer zum Zeitpunkt der offenen Demonstration die Inhalte bereits kennen und daß sie die offen demonstrierten Methoden und Techniken (zumeist) bereits unbewußt prozessiert haben (und beherrschen).

Während in den Schritten 2 und 3 ausschließlich verdeckt demonstriert wird, das heißt, bei entsprechender Gestaltung der Metaphern haben die Teilnehmer vor diesem Schritt den Lernprozeß bereits zweimal (verdeckt) durchlaufen, wird in diesem Schritt grundsätzlich offen demonstriert, aber eben auch verdeckt bei metaphorischer Beantwortung von Fragen.

Das Prinzip bei der offenen Demonstration ist, die Inhalte erst zu demonstrieren, bevor sie beschrieben werden. Hinweise, die sich auf Verallgemeinerung oder persönlichen Nutzen des Demonstrierten richten, sind zu unterlassen, weil das die Teilnehmer (unnötig) von der Demonstration ablenkt.

Schritt 5: Erläuterung der Demonstration

Durch die Nutzung visueller Techniken (flip chart) oder schriftlichen Materials (hand outs), so Kluczny, seien die demonstrierten Lerninhalte nochmals in Form einer sprachlichen Beschreibung zu wiederholen (Redundanz). Den Bezugsrahmen für die sprachliche und schriftliche Erläuterung der Lerninhalte bilde der konkretisierende Hinweis auf die Demonstration.

Schritt 6: Vorbereitung der Kleingruppen

Die Teilnehmer erhalten spezifische verbale und schriftliche Instruktionen für die Anwendung bzw. Übung der demonstrierten Seminarinhalte (hand outs), die zumeist durch ein Rollenspiel erläutert werden, bevor sie in die Kleingruppen gehen.

Schritt 7: Anwendung und Übung in der Kleingruppe

Die anwendende Übung in der Kleingruppe ist eine günstige Methode zur Transformation der gewonnenen Erkenntnisse und Erfahrungen in das Verhalten. Dabei achtet der Trainer besonders darauf, wie die Inhalte angewendet werden, ob sich bei der Anwendung Mißverständnisse zeigen und was aus den Gruppen beispielhaft für die erfolgreiche Anwendung des Vermittelten in dem anschließenden Plenum genutzt werden kann.

Schritt 8: Erörterung der Erfahrungen im Plenum

Eine Aussprache im größeren Rahmen ermöglicht es, die Inhalte des Seminars zu wiederholen, erkannte Mißverständnisse zu korrigieren sowie die während der Anwendung und Übung in den Kleingruppen gewonnenen Erfahrungen beispielhaft und allgemein zugänglich zu machen. Die Erörterung bezieht sich in der Regel zunächst nur auf die einzelnen Lernschritte, wendet sich aber schon sehr bald (fließend) dem Schritt neun zu.

Schritt 9: Generalisierung der Ergebnisse

Die Generalisierung der vermittelten Methoden und Techniken ermöglicht es den Teilnehmern, einen systematischen Zugang für die individuelle Anwendung und den Transfer der Seminarinhalte auf spezifische Kontexte zu realisieren sowie das einleitende Überbrücken zu weiteren, unter Umständen aufbauenden Themen.

Bei der Entwicklung der Präsentation achtet der Trainer (durchgängig) besonders darauf, welche Einstellung und welchen Bezug er zum Thema des Seminars hat sowie zu den Teilnehmern und zum Kontext der Veranstaltung; bei der Realisation der Präsentation wird der Trainer (durchgängig) darauf achten, wie sein persönlicher Zustand ist, ob er Rapport zu einzelnen Teilnehmern und zur Gruppe hat, in welchem Zustand sich die einzelnen und die Gruppe befinden, ob unterschiedliche Lernstile und der Kontext des Seminars angemessen berücksichtigt werden, wann und wo er Anker nutzt, und zwar besonders Bodenanker, und ob er Ressourcen, besonders bei der unterstützenden Betreuung der Kleingruppen, in dem erforderlichen Maße zugänglich macht.[92] Weitere bedeutsame Aspekte werden sich aus dem Kontext des Seminars ergeben, den Voraussetzungen bei dem Trainer und den Teilnehmern sowie aus den Zielen des Seminars. Damit entscheidet sich auch, ob das vorgestellte Präsentationsformat adaptiert werden muß oder gar nicht für die spezifische Anwendung adaptiert werden kann.

d) Verschachtelte Geschichten

Geht es um metaphorische Abbildung komplexer Zusammenhänge oder Vermittlungsschritte, bietet sich das Arbeiten mit den sogenannten „verschachtelten Geschichten" oder „gestapelten Realitäten"[93] an, die auch als „Nested Loops" oder „Nested Metaphors"[94] bezeichnet werden. Vom Aufbau her bedient man sich dabei einer Geschichte, in die eine weitere Geschichte eingebettet wird, in die eine weitere Geschichte eingebettet wird... usw. Das Umschalten oder der Umstieg von einer in eine andere Geschichte erfolgt zu einem Zeitpunkt relativer Spannung der aktuellen Geschichte, also etwa: „.... »Geschichte 3: ... . Und dann öffnete sich langsam mit einem leichten Knarren, wie von Geisterhand, die Tür, und Roberts Mund öffnete sich leicht ...« »Geschichte 4: Und ihm fiel ein, daß sein Vater einmal von einer ähnlichen Situation berichtet hatte, in der er ...«, die dann beginnend mit der letzten Geschichte rückwärtsschreitend abgeschlossen werden, wie die nachstehende Darstellung allgemein veranschaulicht.

: Anfang
    Beginne Geschichte A: Material A ... /-
      : beginne Geschichte B: Material B ... /-
        : beginne Geschichte C: Material C ... /-
          : beginne Geschichte D: Material D.
        -/ ... beende Geschichte D.
      -/ ... beende Geschichte C.
    -/ ... beende Geschichte B.
  -/ beende Geschichte A.
: Ende

Das Schließen der Geschichten erfolgt also wie das Abtrocknen gewaschener Teller. Ebenso wie man hier die zuletzt begonnene Geschichte zuerst beendet, nimmt man den zuletzt gereinigten Teller als ersten vom Stapel, um ihn zu trocknen; möchte man den zuerst abgewaschenen Teller auch zuerst trocknen, gibt es wahrscheinlich Schwierigkeiten.

Die inhaltliche Gestaltung und die Wahl der Geschichten sind grundsätzlich abhängig von dem, was Sie möchten, und von dem Kontext, in dem sie repräsentiert werden. Wie in dem folgenden Beispiel angedeutet, können Sie etwa mit einer Geschichte beginnen, die die Besorgnis oder Konfusion bei dem oder den Adressaten spiegelt (Pacen), dann in eine Geschichte umsteigen, die Neugierde und/oder Spannung weckt (Motivation), dann eine Geschichte beginnen, die humorvoll aufgebaut ist (Ressourcen), des weiteren in eine Geschichte umsteigen, die zu einer positiven Selbsteinschätzung führt (verbindende Strategie), und schließlich eine Geschichte präsentieren, die optimalen Zugang zu Ressourcen ermöglicht und/oder auf Flexibilität und Variabilität und Integration gerichtet ist (leaden/Ziel/etc.).

: Anfang
    Beginne A: Besorgnis / Konfusion
      : beginne B: Neugierde / Spannung
        : beginne C: Spaß / Humor
          : beginne D: Selbsteinschätzung
            : beginne E: Stärke / Integration
            -/ ... beende E.

```
                        -/ ... beende D.
                   -/ ... beende C.
              -/ ... beende B.
         -/ ... beende A.
: Ende
```

Das Verpacken einer Geschichte in eine Geschichte in eine Geschichte...,
überfordere die Kapazitäten des Bewußtseins, im Auge zu behalten, was
wohin gehöre, stellen Grinder und Bandler[95] fest. Selbst eine intellektuell
geschulte Gruppe habe Mühe zu erkennen, auf welcher der Realitätsebe-
nen sie sich gerade befände. „Rede ich von Großvater Sven, der mit den
Kühen redet, oder von Erickson, wie er mit Leuten in Chicago spricht,
oder von Ericksons Vater, der ihm eine Geschichte erzählt, oder spreche
ich zu Ihnen hier? Während Ihr Bewußtsein damit beschäftigt ist, das
herauszufinden, ist Ihr Unbewußtes schon dabei, zu reagieren."

Grinder und Bandler[96] zeigen weiterhin auf, daß man in diese Geschichten direkte Befehle für hypnotische Reaktionen einbauen könne,
auch für eine tiefe Trance. Und man stelle mit den verschachtelten
Wirklichkeiten den Rapport her und könne die Reaktionen des anderen
abschätzen. Hinzu komme, daß bei verschachtelten Wirklichkeitsebe-
nen die Überforderung bedeutend sanfter sei als bei allen anderen
Konfusions- und Überladungstechniken. Und man habe zudem die
Möglichkeit, eine vollständige Induktion und Anwendung der Hypnose
einzubauen, denn in einer Geschichte sei schließlich alles möglich.

e) Metaphern und NLP-Technik

Über die bereits aufgezeigten Anwendungsmöglichkeiten von Metaphern hinaus ist es auch möglich, NLP-Techniken mit Hilfe von
Metaphern (verdeckt) zu nutzen. Andreas und Andreas[97] haben hierfür
ein Ausbildungskonzept entwickelt, das in dem empfohlenen Format
auch genutzt werden kann für Anwendungen außerhalb des Ausbildungskontextes, wie die von mir vorgenommene Adaption veranschaulicht, die zwei Metaphern für die verdeckte Nutzung von NLP-Techniken bereitstellt.

Metaphorische Nutzung von NLP-Techniken

1 Problem
Klient präsentiert Problem State und/oder Desired State.

2 Informationen sammeln
Therapeut sammelt Informationen, um den Present State und den Desired State zu spezifizieren, und kalibriert sich auf das korrespondierende (nonverbale) Verhalten des Klienten, um es (unterstützend) als Selbstanker des Klienten bei Präsentation der Metaphern zu nutzen (pacen und leaden).

3 Wahl der NLP-Technik
Therapeut entscheidet sich für eine NLP-Technik, die dem Klienten den Übergang vom Present State zum Desired State ermöglichen könnte, beispielsweise für das Six-Step-Reframing.

4 Vorbereitung
Therapeut entwickelt eine oberflächliche Metapher (nahe verwandter Inhalt) und eine tiefgründige Metapher (entfernt verwandter Inhalt) und inkorporiert jeweils die gewählte NLP-Technik in die Metaphern.

5 Ökologie-Check
Therapeut prüft die Metaphern auf Zweideutigkeiten, denkbare Mißverständnisse und achtet bei der Prüfung besonders auf Verneinungen und mögliche Tilgungen.

6 Vortrag
Therapeut erzählt dem Klienten die Metaphern in der angegebenen Reihenfolge und achtet fortlaufend auf dessen Reaktionen.

7 Feedback
Therapeut entscheidet auf der Grundlage des Feedbacks des Klienten, ob die Metaphern effizient waren bzw. wie die Metaphern oder der Vortrag verbessert werden können.

Als eine weitere Möglichkeit für die (verdeckte) Nutzung von NLP-Techniken gelten die oben bereits angesprochenen verschachtelten Geschichten. Offensichtlich ist das Prinzip, daß Sie immer dann exzellent verdeckt mit den NLP-Techniken arbeiten können, wenn Sie einen mehrdeutigen Rahmen nutzen. Grinder und Bandler[98] verweisen darauf, daß Sie in einem solchen Rahmen alle NLP-Techniken anwenden können.

f) Feedbackmethode

Die sechste Grundannahme des NLP lautet: „Das Ergebnis von Kommunikation ist das Feedback, das der einzelne bekommt; Fehler oder Versagen gibt es nicht." Damit ist der Begriff des Feedbacks zwar eingeführt, allerdings ist noch nicht einsichtig, warum er hier thematisiert wird. Das wird allerdings dann verständlich, wenn angemerkt wird, daß bei der Ausbildung der Neuro-Linguistischen Programmierer ergänzend zu dem passiven ein aktives Feedback generiert und vermittelt wird, nämlich die Verhaltensoptionen des systematischen Feedbackgebens, die auch mit Metaphern arbeiten, zu den bedeutsamsten prozessualen Elementen aller NLP-Interventionen zählen und den Kern des die NLP-Ausbildungsstufen abschließenden Testings bilden.

Bei dem im Rahmen der NLP-Ausbildung als ein komplexes Gefüge vermittelten aktiven Feedback sind grundsätzlich fünf Optionen systematisch zu unterscheiden, die hier ausführlich dargestellt werden, weil sie, wie oben bereits angemerkt, noch nicht in der NLP-Fachliteratur dokumentiert wurden:

➤ Sinnesspezifisches (VAKO) Feedback

Diese Form des Feedbacks ist wegen der auftretenden Trance-Phänomene und/oder bewußtwerdenden Ressourcen beim Feedbacknehmer nützlich für persönliches Wachstum.

Beispiel: Als du eben sagtest, daß du deinem Mann heute noch mitteilen wirst, du trennst dich jetzt von ihm, hast du dich aufgerichtet und die Fäuste geballt.

➤ Wertendes Feedback

Diese Form des Feedbacks sollte nur gegeben werden, wenn der Feedbackgeber zeitgleich fähig und bereit ist, auch die anderen Formen zu nutzen, falls der Feedbacknehmer und/oder eine andere beteiligte Person das verlangen. Dabei ist es besonders wichtig, auf Projektionen und Übertragungen zu achten.

Beispiel: Als du eben sagtest, daß du deinem Mann heute noch mitteilen wirst, du trennst dich jetzt von ihm, wurde mir klar, dein gewalttätiges Verhalten ist unmenschlich und zerstörerisch.

➤ Instruktionsfeedback

Diese Form des Feedbacks lädt ein, Altes neu zu lernen. Es ist stets und nur dann sehr effektiv und ökologisch, wenn der Feedbackgeber fähig ist, sich von der Instruktion zu lösen, sie gleichsam vergißt, und die durch die Instruktion beim Feedbacknehmer ausgelöste (innere) Entsprechung zu pacen, also alle auftretenden Phänomene zu inkorporieren.

Beispiel: Ich habe gehört, daß du deinem Mann heute noch mitteilen wirst, du trennst dich jetzt von ihm – und bevor du das tust, wirst du innerhalb der nächsten vier Tage siebenmal täglich das Neinsagen üben.

➤ Pantomimisches Feedback

Diese Form des Feedbacks übermittelt die Botschaft nonverbal, und es wird wie beim metaphorischen Feedback das Unbewußte direkt adressiert.

Beispiele: (Reaktion auf den Vortrag:) ... zustimmendes Nikken, Körperhaltung, Gesten, Mimik oder ähnliches.

➤ Metaphorisches Feedback

Dieses Feedback be-greift (zumeist) nur das Unbewußte, das heißt, weder Feedbackgeber noch Feedbacknehmer haben einen bewußten Zugang zu der Botschaft, und von daher ist (kann) es für alle Beteiligten sehr effektiv und ökologisch (sein).

Beispiel: Als du eben sagtest, daß du deinem Mann heute noch mitteilen wirst, du trennst dich jetzt von ihm, fiel mir ein, daß ich während meiner Schulzeit die folgende Geschichte erlebt habe ...

Gleichgültig, für welche Option des Feedbacks sich der Neuro-Linguistische Programmierer bewußt oder unbewußt entscheidet, er wird das Feedback so formulieren, daß er es sich selbst geben könnte, und keine bestimmte Reaktion beim Feedbacknehmer erwarten, sondern sein eigenes Feedback gleichsam sofort vergessen und neugierig auf das sein, was sein Feedback bewirkt und welchen Sinn es für den Feedbacknehmer macht.

g) Globalmethode

Ein weiteres Anwendungsgebiet der metaphorischen Kommunikation ist für die Neuro-Linguistischen Programmierer das intuitive oder systematische Arbeiten mit Humor, das unabhängig von dem spezifischen Kontext bei der Arbeit mit einzelnen und Gruppen sowohl exklusiv als auch in Kombination mit anderen Methoden genutzt werden kann, um angestrebte Ziele zu erreichen. Diese Methode wurde in der NLP-Fachliteratur noch nicht qualifiziert und soll hier aufgrund ihrer komplexen Anwendungsmöglichkeiten als Globalmethode klassifiziert und benannt werden.

Mit der Globalmethode artikuliert sich, wie so oft im NLP, der nachhaltige Einfluß von Milton Erickson, für dessen Arbeit, wie Gordon und Meyers-Anderson[99] betonen, die Fähigkeit zur Flexibilität, sich selbst und die Welt mit Humor zu betrachten, und der Blick auf die Zukunft charakteristisch waren. Diese hoch bewerteten Kriterien seien zwar selten das explizite Ziel seiner therapeutischen Interventionen gewesen, dennoch habe Erickson in seine Arbeit fast immer Erlebnisse einbezogen, die zumindest peripher das Erlernen von Flexibilität, Humor und Zukunftsorientierung beinhaltet hätten. Und Erickson[100] selbst sagt: „Laß uns die Vergangenheit vergessen und nach vorn in die Zukunft blicken... und vor allem: Würze alles, was du tust, mit ein bißchen Humor!"

Als weitere Quelle dieser Methode gilt die Alltagspsychologie und das, was in der Alltagskommunikation beobachtbar ist und von Stahl[101] als feedback-geleitete Kommunikation benannt wird:

„Wenn man z.B. jemand aufheitern will, verändert man – meist unbewußt-intuitiv und unsystematisch – sein eigenes Verhalten so lange, bis man immer mehr von dem sagt oder tut, was die gewünschte Wirkung auf den anderen hat, und immer weniger von dem, was den anderen in seiner weniger guten Stimmung beläßt. Zum Beispiel erinnert man ihn mit Andeutungen oder Gesten an eine gemeinsame heitere Erfahrung. Hat man dann im anderen eine positive physiologische Veränderung bewirkt, die man an dessen Atmung, Gesichtsfarbe, Haltung und Muskeltonus tatsächlich sieht, kann man davon ausgehen, daß er – bewußt oder unbewußt – sich an eine Fähigkeit aus der heiteren Erfahrung erinnert.

Dann wird man sicher irgend etwas tun oder sagen (oder der andere tut es, oder irgendwas in der Umgebung sorgt dafür), was für den anderen eine Verbindung zwischen der gemeinsamen heiteren Erinnerung und der Erinnerung an die ursprüngliche Stimmung herstellt. Auf der physiologischen Ebene hat man den anderen auf diese Weise in einen Mischzustand hineinbegleitet, in dem Merkmale beider vorher ausschließlich getrennt aufgetretenen Zustände zusammen vorhanden sind. Innerlich hat der andere in diesem Prozeß der Integration, bewußt oder unbewußt, seine Fähigkeit aus der heiteren Erinnerung darauf angewandt, wie er mit dem umgeht, was vorher für eine weniger gute Stimmung gesorgt hat."

Und um diesen Wechsel von der Problem- über die Ressource-Physiologie in die integrierte Physiologie[102], so Stahl[103] weiter, gehe es auch dem Therapeuten, wenn er dem Klienten hilft, sich dort Fähigkeiten zugänglich und verfügbar zu machen, wo er sie braucht. Dabei assistiere er dem Klienten in ähnlicher Weise wie eben für den Alltag beschrieben, nur systematischer, als ultra-fein eingestelltes „Feedbackinstrument".

Danach beinhaltet die Globalmethode sowohl das Potential der verbalen Möglichkeiten als auch der nonverbalen und stellt uns eine große Palette von Interventionen bereit.[104] Das scheinbar unerschöpfliche Spektrum dieser Möglichkeiten nutzt der Neuro-Linguistische Programmierer intuitiv oder strategisch, um den Rapport mit seinen Gesprächspartnern zu testen (Können wir über den gleichen Scherz lachen... ?), um zu pacen und zu leaden, um bei einzelnen oder Gruppen eine Zustandsänderung herbeizuführen (Von der Problem-Physiologie zur Humor-/Ressource-Physiologie!)[105], um etwas Allgemeines oder Bestimmtes indirekt zu vermitteln, usw. Dazu werden neben den nonverbalen Möglichkeiten „rechtshemisphärische Sprachformen"[106] (in bezug auf den typischen Rechtshänder!) genutzt, indem etwa Witze erzählt und/oder amüsante Anekdoten berichtet werden oder indem aufgegriffen wird, was der Neuro-Linguistische Programmierer und/ oder sein Gesprächspartner bzw. die Gruppe aktuell erlebt oder präsentiert hat. Der Neuro-Linguistische Programmierer adressiert also die rechte Hemisphäre (ebenfalls beim typischen Rechtshänder!) des Zuhörers und weiß, daß seine Botschaften auch unterhalb der Schwelle des Bewußtseins seines Adressaten unmittelbar Wirksamkeit entfalten werden.[107]

Für O'Connor und Seymour[108] sind Witze Umdeutungen. Nahezu jeder Witz arbeite damit, Ereignisse in einen bestimmten Rahmen zu stellen und diesen dann plötzlich und drastisch zu wechseln. Bei Witzen nehme man einen Gegenstand oder eine Situation und stelle diese dann urplötzlich in einen anderen Zusammenhang oder gebe dem Gegenstand bzw. der Situation einen anderen Sinn, wie das folgende Beispiel, mit dem uns Trenkle[109] auf die kreative Nutzung der NLP-Technik Collapsing anchors hinweisen möchte, zeigt, das dieses Kriterium zu erfüllen scheint:

„Im Zug fährt eine attraktive Frau. Ein Mann betritt das Abteil und sucht schließlich Kontakt mit der Schönen, die anscheinend an einem wissenschaftlichen Papier arbeitet.

»Fahren Sie auch nach Berlin?« fragt er nach einiger Zeit. »Nein, nach Leipzig auf eine Tagung.« – »Ach, das ist ja sehr interessant, was für eine Tagung?« – »Eine Sexologen-Tagung«, antwortete die Frau. »Ach, eine Sexologen-Tagung! Das ist ja sehr interessant. Was machen Sie denn da?« – »Ich halte da einen Vortrag über meine Forschungsergebnisse.« – »Einen Vortrag! Das ist ja sehr interessant. Was haben Sie denn herausgefunden?« – »Ja, das ist sehr interessant«, berichtet die Wissenschaftlerin, »ich habe das Sexualverhalten von Männern in verschiedenen Kulturen untersucht.« – »Oh, das ist ja sehr interessant. Das Sexualverhalten von Männern in unterschiedlichen Kulturen. Was haben Sie denn da herausgefunden?« »Das Hauptergebnis war, daß die Polen die längsten haben und die Indianer am längsten können. Aber ich habe jetzt viel von mir erzählt, was machen Sie eigentlich?« – »Oh, entschuldigen Sie die Unhöflichkeit«, sagt der Mann. »Ich habe mich noch gar nicht vorgestellt. Ich heiße Kowalski, äh ... Winnetou Kowalski.«"

Wenn sie diese Anekdote einzelnen oder einer Gruppe erzählen, stellen Sie (vermutlich!) fest, daß sich nicht jeder darüber köstlich amüsiert. Und das dürfte ganz besonders gelten, wenn offen bleibt, um welche Adressaten es sich handelt, oder falls bestimmte Berufsgruppen ins Visier genommen werden, wie in den folgenden Beispielen:

„Stell dir nur vor", sagt ein Anthropologe zu seinem Kollegen, „man hat endlich das fehlende Zwischenglied zwischen dem Affen und dem Homo sapiens entdeckt." – „Phantastisch – und was ist es?" will der andere wissen, und der erste antwortet: „Der Mensch..."[110]

Zwei Beamte begegnen sich auf dem Flur des Rathauses. Sagt der eine zum anderen: „Kannst du auch nicht schlafen... ?"

Die Patientin sagt zu ihrem Therapeuten: „Küssen Sie mich, Herr Doktor!" Der Doktor sagt: „Das darf ich nicht. Nach der strengen analytischen Regel dürfte ich nicht einmal neben ihnen auf der Couch liegen."[111]

Es gilt also bei der Präsentation von Witzen und amüsanten Anekdoten oder Lehrgeschichten das für die psychologisch-spirituellen und nicht-moralisierenden zielgerichteten Lehrgeschichten der Sufis geltende Prinzip „Zeit, Ort und Leute"[112] zu beachten, und dabei vor allem hinreichend Information über den oder die Adressaten zu besitzen. Sind diese Kriterien erfüllt, können Sie mit der Globalmethode, ganz in der Tradition von Milton Erickson, auf amüsante Art und Weise auch Inhalte vermitteln, die bei vielen Menschen ansonsten schwer vom Bewußtsein akzeptiert werden würden, wie uns etwa Paul Watzlawick[113] mit der folgenden kleinen Anekdote meisterhaft demonstriert:

„Ein Mann will ein Bild aufhängen. Den Nagel hat er, nicht aber den Hammer. Der Nachbar hat einen. Also beschließt der Mann, hinüberzugehen und ihn auszuborgen. Doch da kommt ihm ein Zweifel: Was, wenn der Nachbar mir den Hammer nicht leihen will? Gestern schon grüßte er mich nur so flüchtig. Vielleicht war er in Eile. Aber vielleicht war die Eile nur vorgeschützt, und er hat etwas gegen mich, und was? Ich habe ihm nichts angetan; der bildet sich da etwas ein. Wenn jemand von mir ein Werkzeug borgen wollte, ich gäbe es ihm sofort. Und warum er nicht? Wie kann man einem Mitmenschen einen so einfachen Gefallen abschlagen? Leute wie dieser Kerl vergiften einem das Leben. Und dann bildet er sich noch ein, ich sei auf ihn angewiesen. Bloß weil er einen Hammer hat. Jetzt reicht's mir wirklich. – Und so stürmt er hinüber, läutet, der Nachbar öffnet, doch bevor er »Guten Tag« sagen kann, schreit ihn unser Mann an: »Behalten Sie Ihren Hammer, Sie Rüpel!«"

Was auch immer der Neuro-Linguistische Programmierer als Feedback auf diese oder ähnliche Anekdoten erhalten mag, für ihn ist es entscheidend, daß er es nutzen kann, für das, was sein Klient erreichen möchte. Dabei wird unstrittig sein, daß diese Methode, wie die erwähnten Kriterien bereits pauschal angedeutet haben, das rechte Maß an Sensi-

45

bilität, ein gutes Fingerspitzengefühl, voraussetzen, die der Neuro-Linguistische Programmierer ebenso wie bei anderen Methoden durch das rechte Maß an experimenteller Übung erwirbt. Für die Methode selbst gibt es grundsätzlich keine Beschränkungen – alles scheint möglich. Wir wissen beispielsweise, daß es aus ethischen Gründen und teilweise durch psychologische Lehrmeinung fundiert geradezu verpönt ist, die Globalmethode zu nutzen, um etwa den Trauerprozeß eines Menschen zu unterbrechen. Das mag in vielen Fällen angemessen sein; andererseits spricht aber auch die Berufspraxis und die lebensgeschichtliche Erfahrung dafür, daß es ebenso zutreffend ist, was Gordon und Meyers-Anderson[114] mit Rückgriff auf Erickson anführen: „Gut eingesetzter Humor kann einem Schmerz irgendwie den Stachel nehmen, kann neue oder furchterregende Themen annehmbarer machen und einer Situation das Schwerwiegende nehmen, so daß sie uns nicht länger übermäßig niederdrückt. Erickson versteht es, Humor sinnvoll einzusetzen, um mit Rückschlägen und unangenehmen Überraschungen fertig zu werden, und er setzt nicht nur seinen eigenen ansteckenden Humor wirkungsvoll ein, sondern kann auch durch Beispiele und Erfahrungen seinen Klienten eine ähnlich unbeschwerte Sicht vom Hin und Her menschlichen Seins vermitteln."

Eine solche Arbeit wird sich auf die Grundprämissen des NLP stützen, also u.a. von dem Wissen getragen sein, daß Menschen über alle Ressourcen (internale Zuversicht, Selbstsicherheit, Vertrauen und Fürsorglichkeit)[115] verfügen, die sie benötigen, um gewünschte Veränderungen zu vollziehen,[116] und daß sie auf der Verhaltensebene hinreichend Wahlmöglichkeiten haben, die aber oftmals unbewußt sind[117] und zugänglich gemacht werden können, wenn die Zeit reif ist und das Subjekt es wünscht.

1.3 Zusammenfassung

Das Erkenntnisinteresse des ersten Abschnitts dieses Buches war insbesondere auf Beantwortung von zwei Fragen gerichtet: Wie ordnet sich die Metapher in das NLP-Konzept ein, und bei welchen NLP-Anwendungen werden explizit Metaphern genutzt?

Vor der Beantwortung dieser Fragen erschien es angezeigt, sich zunächst des Fundaments zu versichern, auf dem das Gebäude des NLP errichtet ist. Dabei zeigte sich, daß die Grundannahmen des NLP nahezu durchgängig auf ein optimistisches Menschenbild und das konstruktivistische Fundament des NLP verweisen. Von den in der NLP-Fachliteratur zumeist ausgewiesenen und auch in diesem Abschnitt des Werkes zitierten acht Axiomen gelten das erste (im Wortlaut: „Menschen reagieren auf ihre subjektive Abbildung der Wirklichkeit und nicht auf die äußere Realität.") und das zweite (im Wortlaut: „Geist und Körper sind Teile des gleichen kybernetischen Systems und beeinflussen sich wechselseitig.") für das NLP als grundlegend und unverzichtbar, da aus ihrer Kombination alle Modelle und Techniken des NLP entstanden sind und das NLP als pragmatisch-effektive Anwendung der konstruktivistischen Idee gilt, mit der das gesamte Konzept steht und fällt. Obwohl die meisten der übrigen Annahmen oder besser Glaubenssätze von den Neuro-Linguistischen Programmierern nicht als Wahrheiten apostrophiert werden und von daher auch nur als variable und operative Bestandteile des NLP gelten, wird allerdings ihre Akzeptanz für die effektive Anwendung der NLP-Methoden stets (implizit) vorausgesetzt, und es sollte unstrittig sein, daß die sich hier artikulierende besondere und ungewöhnliche Art und Weise, über die Menschen und die Welt nachzudenken und das eigene Verhalten zu strukturieren, der Nährboden für den von den Nicht-Eingeweihten, nach Ludwik Fleck die Exoterik, schwer akzeptierbaren erstaunlichen Erfolg des NLP-Konzepts ist.

Um die Metaphermethode qualifizieren und in das NLP-Konzept einordnen zu können, wurde in einem weiteren Schritt auf die Abgrenzung von Werkzeug und Methodik hingewiesen. Weil die NLP-Fachliteratur keine für das Werk geeignet scheinenden Ansatzpunkte zur Systematisierung der NLP-Methoden und -Modelle beinhaltet, wurde ein Felder-Modell entwickelt, das es ermöglichte, die systemisch-prozessualen und komplex miteinander verwobenen Methoden und Modelle des NLP-Konzepts insgesamt zu klassifizieren und einzuordnen. Die für diese Systematik vorgeschlagenen acht Felder konnten im Anschluß daran in einem ersten Entwurf kategorial überschrieben und erläutert werden. Bei den Kategorien selbst handelt es sich im einzelnen um das S.C.O.R.E.-Modell, die Technikmethode, die Metamethode (Meta-Modell), die Hypnomethode (Milton-Modell), die Metaphermethode (Metaphern-Modell), die Feedbackmethode, die Globalmethode sowie die Unified Field Theory. Nach der Einordnung der Metaphermethode in das Felder-Modell wurde die Verknüpfung der durch das Felder-Modell qualifizierten Modelle und Methoden exemplarisch veranschaulicht. Dabei erfolgte der Hinweis, daß das NLP ein Meta-Modell ist, das sich mit den generativen Prinzipien des Erlebens und Verhaltens befaßt und nicht mit Inhalten, und daß es daher oftmals als „Generativer Ansatz" oder als „Ansatz der Bereicherung" bezeichnet wird.

Diese deskriptiv erörterte Grundlage ermöglichte es, im zweiten Kapitel NLP-Anwendungen zu dokumentieren und teilweise beispielhaft zu erläutern, die explizit oder implizit mit Metaphern arbeiten und der Metaphermethode zugeordnet werden können. Dabei handelt es sich um Vorgehensweisen, bei denen eine Metapher in beliebigen Kontexten für die Herstellung von Rapport, zum Pacen und Leaden intentional oder spontan genutzt wird, um die Doppelinduktion, das Grinder-Format, verschachtelte Geschichten (Nested Loops), das verdeckte Arbeiten mit standardisierten NLP-Techniken mit Hilfe von Metaphern, um die Feedbackmethode sowie um die Globalmethode. Hier zeigte sich, daß die angesprochenen Vorgehensweisen in der NLP-Fachliteratur sowohl hinsichtlich der methodischen Nutzung als auch im Blick auf die erörternde Darstellung teilweise nachlässig dokumentiert und einige ausschließlich in Seminaren vermittelt werden und außerhalb dieses Kontextes nicht verfügbar sind. Die erfolgte übersichtsartige und kommentierte Darstellung dieser Vorgehensweisen schließt diese Lücke, wobei verschiedene Methoden, wie etwa die Feedback- und die Globalmethode, ausführlich dargestellt werden mußten, weil sie bisher in der NLP-Fachliteratur noch nicht qualifiziert wurden und hier klassifiziert und benannt werden mußten, was schon ihre universellen Anwendungsmöglichkeiten gebieten.

Dabei scheint es bei der Metaphermethode ganz besonders um das zu gehen, was die nachstehende kleine Anekdote von einem Mechaniker lehrt, der gerufen wurde, um das Kesselsystem eines Schiffes zu reparieren, das nicht mehr richtig funktionierte:

Nachdem der Mechaniker die Ausführungen des Maschinisten über die vorliegenden Schwierigkeiten angehört und ihm ein paar Fragen gestellt hatte, ging er in den Kesselraum. Er schaute auf das Labyrinth verschlungener Röhren, lauschte einige Minuten auf die Geräusche im Kessel und das Zischen des entweichenden Dampfes und befühlte einige Rohre mit seinen Händen. Dann summte er leise vor sich hin, griff in seine Werkzeugkiste, nahm einen Hammer heraus und schlug einmal ganz leicht auf ein unscheinbares Ventil. Und schon arbeitete das ganze System wieder einwandfrei, und der Mechaniker verließ das Schiff. Als der Reeder von dem Mechaniker nach einer gewissen Zeit eine Rechnung über tausend Mark erhielt, beklagte er sich darüber, daß der Mechaniker nur etwa zehn Minuten im Maschinenraum gewesen sei, und forderte eine konkrete Abrechnung. Der Mechaniker erfüllte diesen Wunsch und rechnete wie folgt ab:

	Leichter Schlag mit dem Hammer	0,50 DM
+	Wissen um die richtige Stelle	999,50 DM
=	Summe	1.000,00 DM

Im Verlauf der Erörterung wurde als besonderer Vorteil der Metapher deutlich, daß Menschen darauf reagieren, ohne sich angestrengt bemühen zu müssen. Den Menschen ist zwar durchaus bewußt, daß etwas geschieht, doch sie wissen nicht genau, was oder wie es geschieht – und damit ist es ihrem Bewußtsein auch nicht möglich, den Prozeß der angestrebten Veränderung zu stören und/oder zu beeinflussen. Da Menschen ihre Erfahrungen zumeist auf verschiedenen Ebenen der Realität präsentieren, und eine Realitätsebene die Erfahrung ebenso wahrheitsgetreu wie jede andere repräsentiert, macht diese Äquivalenz der Repräsentationen die Metaphern so wirksam. Und die Reaktion des Klienten ist dann der Indikator dafür, ob die Metapher erfolgreich war oder nicht. Die Reaktion kann sehr stark oder auch sehr schwach sein oder ganz ausbleiben – auch das gilt als Information und Feedback für den Anwender der Metapher.

Das breite Spektrum der aufgezeigten Anwendungen zeigte, daß die Neuro-Linguistischen Programmierer Metaphern bei der Arbeit mit einzelnen und Gruppen in scheinbar beliebigen Kontexten nutzen und eine oder mehrere Metaphern kombiniert verwenden, und es wurde deutlich, daß sich alle NLP-Techniken mit Hilfe von Metaphern nutzen lassen. Dabei gilt als Prinzip, daß immer dann verdeckt mit den NLP-Techniken gearbeitet werden kann, wenn mit Hilfe von Metaphern ein mehrdeutiger Rahmen gestaltet wird, in dem nach Meinung von NLP-

Experten alle NLP-Techniken angewendet werden können. Das breite berufspraktische Spektrum der Anwendungsmöglichkeiten für die Metaphermethode scheint die einleitend formulierte These zu stützen, daß die Metaphermethode ebenso wie auch andere NLP-Anwendungen über den psychotherapeutischen Rahmen hinaus auch in anderen Feldern enorme Wirksamkeit entfalten kann und von daher berufsfeldübergreifend universell anwendbar sein wird.

Für die berufspraktische Nutzung des NLP ist festzustellen, daß zwar lediglich eine NLP-Methode nachgewiesen werden konnte, die ausschließlich mit Metaphern arbeitet, daß daneben aber eine Fülle von NLP-Anwendungen existiert, die die Fähigkeit zum Arbeiten mit Metaphern voraussetzt. Und es kann schließlich darauf hingewiesen werden, daß alle NLP-Techniken in einem mehrdeutigen, durch Metaphern generierten Rahmen verdeckt genutzt werden können und damit die Metaphermethode ein breites Anwendungsspektrum in allen Bereichen aufweist, die die Fähigkeit zur exzellenten Kommunikation voraussetzen.

Metapher 2
Der Dattelesser

Eine Frau kam mit ihrem kleinen Sohn zu dem weisen Ali. „Meister", sprach sie, „mein Sohn ist von einem widerwärtigen Übel befallen. Er ißt Datteln von morgens bis abends. Wenn ich ihm keine Datteln gebe, schreit er, daß man es bis in den siebenten Himmel hört. Was soll ich tun, bitte hilf mir!" Der weise Ali schaute das Kind freundlich an und sagte: „Gute Frau, geht nach Hause und kommt morgen zur gleichen Zeit wieder!"

Am nächsten Tag stand die Frau mit ihrem Sohn wieder vor Ali. Der große Meister setzte den Jungen auf seinen Schoß, sprach freundlich zu ihm, nahm ihm schließlich die Dattel aus der Hand und sagte: „Mein Sohn, erinnere dich der Mäßigkeit. Es gibt auch andere Dinge, die gut schmecken." Mit diesen Worten entließ er Mutter und Kind. Etwas verwundert fragte die Frau: „Großer Meister, warum hast du das nicht schon gestern gesagt, warum mußten wir den langen Weg zu dir noch einmal machen?"

„Gute Frau", antwortete da Ali, „gestern hätte ich deinem Sohn nicht überzeugend sagen können, was ich ihm heute sagte, denn gestern hatte ich selber die Süße der Datteln genossen!

Nossrat Peseschkian[118]

2 Metaphern entwickeln und anwenden

Vor einiger Zeit hörte ich, wie eine NLP-Trainerin zu jemand, der es genau wissen wollte, sagte: Mit Metaphern zu arbeiten, ist sehr einfach. Tue das, was du sowieso tust, wenn du mit NLP arbeitest, nämlich pacen und leaden. Und dafür kann es nützlich sein, so fügte sie nach einer Weile, noch etwas in ihre eigenen Gedanken versunken, vertiefend hinzu, wenigstens etwas darüber zu wissen, wie wir Metaphern konstruieren und, davon solltest du sogar noch ein wenig mehr wissen, weil das fast noch wichtiger ist als alle Regeln ihrer Konstruktion, was beim Vortrag einer Metapher beachtet werden sollte.

2.1 Das Metaphern-Modell

Das Metaphern-Modell wurde skizzenhaft in dem oben bereits erwähnten Buch von Cameron-Bandler dargestellt und sollte wohl ausführlich dargestellt und erörtert werden in Patterns III, das, wie ebenfalls bereits erwähnt wurde, bis heute nicht veröffentlicht worden ist. Schon von daher ist es angezeigt, an dieser Stelle die Komponenten des Modells gleichsam in einer ersten Übersicht zu entwerfen und darzustellen. Zu diesen Komponenten zählen die wichtigsten Unterscheidungen von Metaphern, bedeutsame Kriterien für die Konstruktion einer Basismetapher, die für sonstige, oben bereits angeführte Anwendungen ebenfalls grundlegend sind, dann die Aspekte der Ökologie von Metaphern und schließlich Quellen für Metaphern, die über die Aspekte der Konstruktion hinausweisen sollten.

a) Arten von Metaphern

In einer der Lehrgeschichten von Abraham Maslow[119] behandelt ein Psychiater einen Mann, der glaubte, er sei eine Leiche. Trotz aller logischen Argumente des Psychiaters hielt der Mann an seinem Glauben fest. Dem Blitz einer plötzlichen Eingebung folgend, fragte der Psychiater den Mann: „Können Leichen bluten?" Der Patient antwortete: „Das ist doch lächerlich! Natürlich können Leichen nicht bluten." Nachdem er erst um Erlaubnis gefragt hatte, ritzte der Psychiater dem Mann in seinen Finger, drückte einen Tropfen tiefroten Blutes heraus. Der Patient schaute mit äußerster Verwunderung auf seinen blutenden Finger und rief: „Verdammt noch mal, Leichen bluten doch!" – Wenn einem nun in dieser Situation oder in ähnlich interessanten Kontexten blitzartig in das Gehirn schießen sollte, daß es neben der NLP-Technikmethode, der NLP-Metamethode, der NLP-Hypnomethode auch noch die NLP-Metaphermethode gibt und daß es nun angezeigt ist, lieber gleich mit dem Chef, also dem Unbewußten dieser Person (oder einer Gruppe) zu reden, dann stellt sich die Frage, was die NLP-Metaphermethode zur Nutzung der dargestellten Anwendungen an abgrenzbaren Möglichkeiten für solche Situationen nun im einzelnen zur Verfügung stellt?

Die Systematisierungen für Metaphern, die man in der NLP-Fachliteratur findet, sind uneinheitlich und ermöglichen von daher keine eindeutige Beantwortung dieser Frage. Folgt man etwa der Systematik von Laborde, die davon ausgeht, Metaphern seien erforderlich, weil wir verschiedene Landkarten von der Realität haben,[120] dann lassen sich die Metaphern auf drei Ebenen unterscheiden:

1. Einfache Metaphern

„Die einfache Metapher – der direkte Vergleich – ist als Hilfe nützlich, wenn das Bewußtsein einen bekannten Gegenstand, eine bekannte Person oder ein bekanntes Konzept mit einem unbekannten Gegenstand, einer unbekannten Person oder einem unbekannten Konzept vergleicht oder zwischen beiden einen Zusammenhang herstellt. Eine einfache Metapher kann etwas Neues und Fremdes auf die Landkarte der Realität Ihres Zuhörers plazieren, auf eine gut verständliche Art. Dies ist für den Zuhörer ein bequemer Weg, etwas Unbekanntes zu erfahren. „Raumfähre" und „Urknall" sind einfache Metaphern."[121]

2. Standpunkt-Metaphern

„Ein Vergleich, der einen bestimmten Gesichtspunkt enthält, versucht, die Art und Weise zu verändern, in der der Zuhörer eine Situation betrachtet, die er schon auf seiner/ihrer Landkarte der Realität verschlüsselt eingetragen hat. Zu den Beispielen aus der Folklore des tiefen amerikanischen Südens, wo ich aufgewachsen bin, zählen folgende Sprichwörter: »Du bist so langsam wie Melassesirup«, »Sie ist ›süßer‹ als ein Korb voll junger Hunde«, und: »Er rennt rum wie ein kopfloses Huhn«."[122]

Standpunkt-Metaphern nutze man oftmals,[123] um einen unbemerkt gebliebenen Aspekt von etwas Bekanntem zu beleuchten, so daß das Publikum die Sache mit anderen Augen sehen könne. Die „anderen Augen", die vom Autor oder Redner bereitgestellt werden, unterstützen seinen Standpunkt. Auf dieser Ebene beginne eine Metapher nicht nur zu belehren, sondern auch zu beeinflussen.

3. Komplexe Metaphern

„Die komplexe Metapher ist das anspruchsvollste Kommunikationsmittel, das für indirekte Botschaften zur Verfügung steht. Mit komplexen Metaphern können Sie auf einer unbewußten Ebene Einfluß nehmen. Wenn Sie solche Metaphern verwenden, müssen Sie sehr vorsichtig sein, um Ihre Ziele und die Ihres Partners zu kombinieren. Sonst wird sich das Unbewußte Ihres Zuhörers wahrscheinlich Ihrem Einfluß widersetzen. Umgekehrt werden Sie, wenn Sie die Ziele kombinieren, ein Milieu etablieren, in der das Unbewußte der anderen Person mit Ihnen zusammenarbeiten wird."[124]

Eine Metapher auf dieser dritten Ebene sei speziell zur Beeinflussung konstruiert. Die komplexe Metapher übermittele dem Unbewußten Ihres Partners Information und Beratung. Diese Art von Metapher umfasse eine ausgeklügelte Anordnung paralleler Elemente.[125]

O'Connor und Seymour[126] unterscheiden einfache und komplexe Metaphern. Das Wort Metapher werde im NLP in einer allgemeinen Weise benutzt, um jede Art von Geschichte oder Sprachfigur zu erfassen, die einen Vergleich beinhalte. Es schließe einfache Vergleiche oder Gleichnisse ebenso ein wie längere Geschichten, Allegorien und Parabeln. Mit Metaphern kommuniziere man indirekt. Einfache Metaphern machen einfache Vergleiche: so weiß wie Schnee, so schön wie ein Gemälde, so dick wie zwei Finger. Viele dieser Redensarten werden zu Klischees, aber eine gute, einfache Metapher könne das Unbekannte erhellen, indem sie einen Bezug herstelle zu etwas, das man bereits kenne. Komplexe Metaphern seien Geschichten mit vielen Bedeutungsebenen. Wenn man eine Geschichte erzähle, so lenke dies das Bewußtsein auf elegante Weise ab und aktiviere eine unbewußte Suche nach Bedeutung und Ressourcen. Als solches sei es eine hervorragende Möglichkeit, mit jemandem in Trance zu kommunizieren.

Grinder und Bandler nutzen eine grobe und vereinfachende Systematik, die ebenfalls, wie die von O'Connor und Seymour, mit zwei Unterscheidungen auskommt. Dabei lehnt sich der erste Typ an die übliche definitorische Präzisierung der Metapher an und der zweite an die strategisch-experimentelle Hypnotherapie und Psychotherapie[127] Milton Ericksons:

1. Isomorphe Metaphern

„Das bedeutet, wenn eine Frau mit zwei Töchtern kommt, die sich dauernd streiten, könnte ich eine Geschichte von einem Gärtner erzählen, der in seinem Garten zwei Rosensträucher hatte, die ineinander verstrickt waren. Wenn Sie mit isomorphen Metaphern Veränderungen herbeiführen wollen, dann erzählen Sie eine Geschichte, die eine 1:1-Entsprechung zu dem bildet, was das Problem ist, und dann bauen Sie entweder eine bestimmte Lösung ein, oder Sie lassen es bei einem vieldeutigen, offenen Ausgang."[128] Und dieser offene Ausgang ist dann wie das Magische Theater[129] mit seinen vielen offenen Türen, und hinter jeder Tür findet sich etwas Interessantes und Schönes, und es hängt dann vom Unbewußten des Klienten ab, welche Tür(en) es wählt.

2. Imperative Metaphern

„Es gibt eine weitere Art von Metaphern, um Reaktionen hervorzurufen; sie sind eigentlich Befehle, etwas zu tun oder zu lassen. Sie erreichen die

Reaktion, ohne daß die Geschichte notwendigerweise irgendeine Parallele im Leben der betreffenden Person hat. Ich kann zum Beispiel die Geschichte von einem Bekannten erzählen, der völlig überzeugt war, daß seine Art, etwas Bestimmtes zu tun, richtig sei. Er war mit mir und einigen anderen dabei, einen Computer zu entwerfen, und jeder von uns hatte seine eigenen Vorstellungen davon, wie das laufen sollte. Er hatte etwas mit dem Transformator vor, was keiner von uns anderen für durchführbar hielt. Als wir bei unserer Meinung blieben, schrie er uns an, er würde auf keinen Fall seine Zeit damit vergeuden, noch weiter mit uns darüber zu reden. Er sagte, wir hätten keine Ahnung und würden gar nichts verstehen, und er wüßte es besser als wir. Also ging er einfach her, nahm den Transformator, schloß ihn an, betätigte den Schalter und bekam einen elektrischen Schlag, der ihn tötete.

Eine solche Metapher ist etwas ganz anderes als der Isomorphismus. Sie ruft beim anderen eine Vermeidungsreaktion hervor."[130]

Nach Grinder und Bandler[131] ist die von mir als „imperativ" bezeichnete Metapher effektiv, wenn Sie Geschichten nehmen, die universell sind. Mit universell meinen Grinder und Bandler, daß alle Menschen sie in gleicher Weise auf sich beziehen und daher in gleicher Weise darauf reagieren werden. Fast jeder habe erlebt, daß er eine Speise erst nicht mochte und später gerne aß oder umgekehrt, deshalb wüßten sie: wenn sie eine solche Erfahrung beschreiben, werde fast jeder darauf gleich reagieren. Er werde zu einem Erleben finden, das ihm die Möglichkeit spontaner Veränderungen deutlich mache. Milton Erickson habe diese Methode sehr erfolgreich angewendet. Er versetzte jemanden in Trance und sprach dann mit ihm darüber, wie er das erste Mal zur Schule kam und mit dem Alphabet konfrontiert wurde. „Zuerst erschien es wie eine überwältigende Aufgabe. Aber heute hat jeder Buchstabe in Ihrem Kopf eine bleibende Vorstellung geprägt und ist mit die Grundlage dafür, daß Sie lesen und schreiben können."[132] Das sei für Menschen unserer Kultur ein universelles Beispiel, wie etwas Schwieriges einfach werden könne.

Wenn man diese Art Geschichten erzählt, ist es nach Grinder und Bandler[133] unwichtig, ob die Dinge tatsächlich so vor sich gingen. Es komme darauf an, daß es, wenn Erwachsene zurückschauen, wie es wohl für sie als Kind gewesen ist, dann scheint, als sei es so abgelaufen. Das bedeute, daß alle Erwachsenen auf diese Art von Geschichten in derselben Weise reagieren werden. Denn wenn man jemanden diese Erfahrung noch einmal durchleben lasse und dann als nächstes über Erfahrungen spreche, die die Wahrnehmungsgrundlage zur Bewältigung eines Problems sein könne, dann sei diese Abfolge ein Befehl. Dann sei es nicht mehr nur eine Geschichte; der Befehl sage dem Klienten, er solle seine Wahrnehmung verändern und dafür diese Daten benutzen. Immer, wenn man irgend etwas in der Art wünsche, so merken Grinder und Bandler[134] zur Imperativen Metapher weiter an, brauche man nur zu überlegen, wo es von allein auftrete, und damit arbeiten. Hypnose versetze uns in die Lage, alle möglichen Wirklichkeiten zu schaffen. Wenn man wisse, daß etwas, was man möchte, in einer bestimmten Realität passiere, dann solle man eben diese Realität nutzen, um das zu erhalten, was man möchte. Wenn man keine Wirklichkeit kenne, in der das erwünschte Geschehen vorkomme, dann solle man halt eine neue erschaffen, in der es möglich sei.

Für die vertiefende Erörterung der Metaphermethode scheint jede der angeführten Systematiken nützlich. Allerdings sollte für die verhaltensmäßige Aneignung dieser Methode zunächst die genutzt werden, die mit wenigen Unterscheidungen auskommt, also etwa die von Grinder und Bandler, zumal in der Literatur meist nur die isomorphe Metapher erörtert wird. Das erscheint auch hinreichend, weil so die wichtigsten Anforderungen, die an Konstruktion und Nutzung aller Arten von Metaphern zu stellen sind, grundsätzlich beschrieben werden können.

b) Isomorphe Metaphern entwickeln

Bevor Sie mit Metaphern arbeiten, prüfen Sie sorgfältig, wie dringlich die durch die Metapher angebotene Perspektive für Ihren Adressaten ist. Denn wenn Ihr Adressat in einem innerlich nicht wirklich engagierten Zustand für die neue Perspektive ist, werden Sie ein entsprechendes Feedback bekommen, etwa: „Ja, wirklich sehr nett, aber... .", und ein dramatisch anderes, zumeist deutlich visuell wahrnehmbares Feedback, wenn Ihr Adressat in einem innerlich engagierten Zustand für die

Perspektive ist, die Ihre Metapher eröffnet, zu der sie mit voller Wucht eine noch nicht wahrgenommene oder bislang sorgfältig verschlossene Tür aufstoßen kann.

„Bei Erickson ... soll die vorgebrachte neue Perspektive die Macht der Erleuchtung haben. Es soll sichergestellt sein, daß sie 1. nicht ignoriert wird, 2. das Individuum zwingt, Überzeugungen und Erfahrungen im Blick auf diese neue Perspektive neu zu sortieren, und daß 3. die Erfahrung selbst, nämlich eine neue Perspektive/Erleuchtung erreicht zu haben, genügend eindrucksvoll und gegenwärtig ist, so daß neue Verhaltensweisen in Reaktion darauf möglich werden."[135]

Dem lag nach Gordon und Meyers-Anderson[136] Ericksons Überzeugung zugrunde, daß menschliche Wesen dazu neigen, in gewissen Mustern zu reagieren. Und daß, wenn man mit einem gewissen Verhaltensmuster beginne, sie dazu neigen, es aufzugreifen. Man ahne nicht, wie starr wir uns alle nach bestimmten Mustern verhalten. Gordon und Meyers-Anderson[137] betonen, das Ziel sei nicht, Verhaltensweisen auszulöschen, sondern sie in die richtigen Zusammenhänge zu stellen, unzweckmäßige Verhaltensweisen einzudämmen oder in ihren passenden Kontext zu verweisen und erforderliche Verhaltensweisen neu zu schaffen oder aus anderen Kontexten zugänglich zu machen – übrigens eine Sichtweise und ein Anliegen, auf das bereits Bateson wiederholt hingewiesen hat, wie etwa die nachstehende kleine Geschichte über Geschichten zeigt: „Wir sind dazu erzogen worden, alle Muster, mit Ausnahme der musikalischen, als etwas Festes aufzufassen. Das ist zwar sehr einfach und bequem, aber natürlich vollkommener Unsinn. In Wahrheit ist die richtige Weise anzufangen, über das Muster, das verbindet, nachzudenken, es primär (was immer das bedeuten mag) als einen Tanz ineinandergreifender Teile aufzufassen, und erst sekundär als festgelegt durch verschiedenartige physikalische Grenzen und durch diejenigen Einschränkungen, die Organismen typischerweise durchsetzen.

Es gibt eine Geschichte, die ich früher schon verwendet habe und die ich erneut vortragen möchte: Ein Mann wollte wissen, wie es sich mit dem Geist verhält – nicht in der Natur, sondern in seinem eigenen großen Computer. Er fragte ihn (zweifellos in makellosem Fortran): »Rechnest du damit, daß du jemals denken wirst, wie ein menschliches

Wesen?« Die Maschine machte sich daran, ihre eigenen Rechengewohn-
heiten zu analysieren. Schließlich druckte sie ihre Antwort auf einem
Stück Papier aus, wie dies solche Maschinen zu tun pflegen. Der Mann
eilte hin, um die Antwort zu erfahren, und fand die sauber getippten
Worte vor:

> Das erinnert mich an eine Geschichte.

Eine Geschichte ist ein kleiner Knoten oder Komplex der Art von
Verbundenheit, die wir als Relevanz bezeichnen. In den sechziger Jahren
kämpften die Studenten für »Relevanz«, und ich möchte annehmen, daß
irgendein A für irgendein B relevant ist, wenn beide, A und B, Teile oder
Komponenten derselben »Geschichte« sind.

Und erneut begegnen wir der Verbundenheit auf mehr als nur einer
Ebene: Erstens die Verbindung zwischen A und B vermöge ihrer Teil-
habe an derselben Geschichte. Und dann die Verbundenheit des Menschen, die sich daraus ergibt, daß sie alle mit Hilfe von Geschichten
denken. (Denn der Computer hatte mit Sicherheit recht. Genau so
denken die Menschen.)«[138]

Bevor Sie mit Metaphern arbeiten, sollten Sie weiterhin Ihre Fähigkeiten
entwickeln, diese Verhaltensmuster zu erkennen, um sodann in einem
folgenden Schritt nützlichere Verhaltensmuster anbieten zu können.
Nach Gordon und Meyers-Anderson[139] ist ein Verhaltensmuster die
Abfolge von Verhaltensweisen, die immer wieder die Handlungen und
Reaktionen eines Individuums innerhalb eines bestimmten Kontextes
charakterisieren. Es sei die Wiederholung einer bestimmten Abfolge von
innerem oder äußerem Verhalten in Reaktion auf einen bestimmten
Kontext, was wir als „Muster" erkennen und für bedeutsam halten. Das
sei darum ein Muster, weil es sich auf vorhersagbare Weise wiederhole,
und es sei bedeutsam, weil eine Veränderung des Musters notwendigerweise eine gewisse Auswirkung auf die folgenden Reaktionen und
Interaktionen dieser Person haben werde. Wenn man Verhaltensmuster
aus den Beschreibungen des Klienten herausfinden möchte, suche man
nach Wiederholungen von Verhaltensabfolgen innerhalb ähnlicher
Kontexte.[140]

Die Richtlinien für die Bestimmung und Überprüfung von Mustern sind nach Gordon und Meyers-Anderson[141] generativ. Das bedeutet nach Dilts[142], sie bewirken Veränderungen auf den Ebenen des Glaubens und der Fähigkeiten, Veränderung der Motivationen, der Erlaubnis und der Richtung. Befolge man diese Richtlinien, so Gordon und Meyers-Anderson[143] weiter, werde man diese Verhaltensmuster, auf die sich die Probleme eines Individuums stützen, schnell und genau bestimmen können. Ebenso werde sich auch das Wissen, das heißt die Intuition über Verhaltensmuster allgemein vergrößern. Anfangs scheine der Lernprozeß vielleicht mühselig zu sein, doch im Laufe der Zeit werden diese Mühen, die man Schritt für Schritt unternehmen solle, ein gutes Stück die Straße weitergeführt haben.

Isomorphe Metaphern: das Metaphern-Modell nach Cameron-Bandler

Wenn man etwas lernen möchte, sagen Grinder und Bandler[144], müsse man wissen, wie; und man müsse in der Lage sein, zu bestimmen, wann und wo das neu Gelernte anzuwenden ist. Und orientierend in diesem Sinne, jedenfalls für das Wie der Metaphern, wurde von Cameron-Bandler, wie oben bereits erwähnt, jedenfalls skizzenhaft das sogenannte Metaphern-Modell publiziert, das die Kriterien ausweist, die für die Gestaltung einer isomorphen Metapher bedeutsam sind und eben auch für die Gestaltung anderer Metaphern, wenn sie intentional konstruiert werden, bedeutsam sein werden, weil es den allgemeinen Prozeß verständlich macht und eine Möglichkeit ist, die eigenen Fertigkeiten in diesem Bereich zu verfeinern.

Die von diesem Modell definierte Aufgabe besteht nach Cameron-Bandler[145] darin, eine Metapher zu entwickeln, die zwei allgemeine Charakteristika aufweist:

Charakteristikum I

Die Metapher spiegelt (paced) oder beschreibt das Problem und/oder die Situation strukturell, für das bzw. die sich der Klient neue Wahlmöglichkeiten wünscht.

Dieses Kriterium ist erfüllt, wenn das Unbewußte des Klienten die Metapher als isomorph, das heißt als strukturelle Eins-zu-eins-Beziehung zum Problem oder zur Situation akzeptiert, ohne daß das Bewußtsein des Klienten die beabsichtigte Isomorphie zu erkennen vermag.

Charakteristikum II

Die Metapher weist eine Lösung oder eine Menge von Lösungen (spezifische Techniken) auf, die dem Unbewußten des Klienten ermöglichen, neue Wahlmöglichkeiten für das Problem und/oder die Situation zu generieren.

Dieses Kriterium ist erfüllt, wenn das Bewußtsein des Klienten die angebotene Lösung oder die Menge von Lösungen nicht als beabsichtigt zu erkennen vermag.

Cameron-Bandler[146] sagt, daß jede Metapher, die diese zwei Charakteristika aufweise, therapeutisch, und ich füge hinzu, auch in anderen Kontexten, wirksam sein werde. Das heißt, wirksame Metaphern müssen also nach den Charakteristika des Metaphern-Modells insgesamt drei Komponenten aufweisen:
1. ein Problem (oder eine Situation), zu dem die Metapher isomorph ist,
2. die Metapher selbst,
3. Verfahren, mit denen der Anwender der Metapher arbeitet, um vom Problem (oder der Situation) zur Metapher zu gelangen.

Mit anderen Worten und zusammenfassend besteht danach das Charakteristikum einer Metapher darin, daß „... die in der Geschichte auftretenden Personen und Ereignisse den Personen und Ereignissen entsprechen (isomorph sind), die die Situation oder das Problem des Klienten kennzeichnen. Dementsprechend wird jede am Problem des Klienten signifikant beteiligte Person in der Rollenverteilung der Charaktere in der Metapher repräsentiert. Auf ähnliche Weise werden auch die Parameter des Problems und die darin enthaltenen Prozesse repräsentiert. Diese Repräsentationen sind den Parametern des Problems nicht »gleich«, sondern »gleichartig« in dem Sinne, daß dieselben Beziehungen zwischen den Parametern in der Metapher beibehalten werden, wie sie auch in der tatsächlichen Situation vorgefunden werden. Für unsere Zwecke ist »Isomorphismus« also die metaphorische Erhaltung der in der tatsächlichen Problemsituation auftretenden Beziehungen."[147]

In dieses Modell lassen sich Systematiken anderer Autoren mit ihren spezifischen Arten von Metaphern unschwer integrieren, wenn es weiter differenziert wird als in diesem ersten Entwurf. Dazu zählt unter anderem, um nur ein Beispiel zu erwähnen, die bei Hypnotiseuren beliebte Wahrheitsmetapher, der die meisten Menschen zustimmen werden, wenn etwa gesagt wird: „Dem Winter folgt das Frühjahr, und die Sonne geht täglich auf und unter, und die Natur... .“ Ebenso unschwer werden sich die vielschichtigen Phänomene der meist unbewußten metaphorischen Alltagskommunikation integrieren lassen, die oftmals in implizite und explizite unterschieden wird. Dabei meint implizit, daß der Sprecher mit dem Prozeß assoziiert ist, ihn gleichsam erlebt, wenn er beispielsweise sagt: „Ich schwebe...“, „Das ist mein Fundament...“, und das zumeist für den Zuhörer auch noch deutlich wahrnehmbar nonverbal unterstreicht; und explizit meint, daß der Sprecher sich von dem Prozeß mehr oder weniger dissoziiert hat, ihn gleichsam von außen betrachtet, indem er sagt: „Das ist wie ein Fundament...“, „Es ist wie Schweben...“, und das in der Regel weniger körpersprachlich vorträgt, weil er als Zuschauer nicht in dem gleichen Maße engagiert ist wie im ersten Fall.

Was bedeutet das nun genau für die schrittweise Konstruktion einer Metapher im einzelnen? Um eine Geschichte zu entwickeln, sollten Sie nach O'Connor und Seymour[148] zunächst den gegenwärtigen Zustand und den erwünschten Zielzustand der Person feststellen, der Sie die Metapher erzählen möchten. Im nächsten Schritt ermitteln Sie die beteiligten Personen, Orte, die Gegenstände, Handlungen, Zeit, die Repräsentationssysteme und Submodalitäten der verschiedenen Elemente und wählen einen Kontext für die Geschichte, der die Person interessieren wird; dann ersetzen Sie alle Elemente des Problems durch andere signifikante Elemente, ohne die Beziehungen zu verändern. Und erst dann planen Sie die Handlung so, daß sie etwa die gleiche Form hat wie der gegenwärtige Zustand und mittels einer verbindenden Strategie zu dem erwünschten Zustand führt.

„Wie gute Musikstücke müssen gute Geschichten eine Erwartung aufbauen und sie dann in einer Weise erfüllen, die dem Stil der Komposition folgt. Lösungen nach dem Motto »Gebunden war er frei« sind nicht erlaubt.“[149]

David Gordon[150], dessen Werk dieses Vorgehen mit ausführlichen Erläuterungen enthält,[151] empfiehlt, daß Sie zunächst für die Bildung von Metaphern nur das dargestellte Grundkonzept, die strukturelle Äquivalenz zur Problemsituation und das Vorhandensein einer praktikablen Lösung, benutzen. Nach einer gewissen Übung würden Sie dann feststellen, daß Ihre Fähigkeit, Metaphern zu bilden, mühelos ablaufe. Und erst dann sollten Sie damit beginnen, weitere Kommunikationsebenen, bspw. analoges Markieren, metaphorische Sprachmuster, zu nutzen. Beim Üben würden Sie dann entdecken, daß Sie alle notwendigen Informationen über die Situation des Klienten sammeln und mit geringer bewußter Anstrengung eine Metapher erfinden, die strukturell ähnlich sei, eine Lösung anbiete und auch andere Kommunikationsmuster enthalte.

Doch bedenken Sie bitte bei dem, was Sie hier tun, besonders das, was für die Arbeit von Milton Erickson bedeutsam und charakteristisch war. Ericksons Veränderungen stimmten nach Gordon und Meyers-Anderson[152] nicht nur mit dem Alltagsmilieu des Klienten überein, sondern er habe auch, wo immer das möglich gewesen sei, die übliche Umgebung des Klienten genutzt, um die gewünschten Veränderungen herbeizuführen, damit diese Menschen fähig seien, sich in ihrer alltäglichen Umwelt angemessen zu verhalten. Und dadurch, daß Erickson alltägliche Ereignisse aus dem Leben seiner Klienten genutzt habe, hätten sich Interventionen ergeben, deren Wirkung vorhersagbar und natürlich gewesen sei; diese besondere Art der Interventionen gelte als Markenzeichen seiner Arbeit.

c) Ökologie und Autonomie

Andreas und Andreas[153] sehen als großen Vorteil der Metaphern, daß sie dem Klienten einen weiten Spielraum möglicher Wege gewähren zur Veränderung, beim Erlangen von Verständnis etc. Deshalb seien Metaphern sorgfältig zu konstruieren und unnütze Einsichten so weit wie möglich auszuschließen, da der Klient sonst zu katastrophalen (Miß-) Verständnissen kommen könne, wie das folgende Beispiel zeige.

„Eine sehr kompetente Frau, die in einer sozialtherapeutischen Wohngemeinschaft arbeitete, wollte, daß eine schizophrene Frau mehr Zeit im Tagesraum verbringen sollte, damit sie dort mehr in Kontakt mit anderen käme und weniger Zeit in Isolation verbringen würde. Also erzählte sie ihr eine Geschichte über eine wunderschöne Rose, die hinten in einer schattigen, feuchten Ecke eines Hinterhofes blühte. Eines Tages bemerkte der Gärtner diese Rose, schnitt sie ab und stellte sie in eine Vase in den Eingangsraum, wo jeder, der vorbeiging, sie sehen und bewundern konnte ... Am nächsten Tag schnitt sich die junge Frau die Pulsadern auf, um Aufmerksamkeit zu erhalten (genauso wie der Gärtner die Rose geschnitten hatte)!"

Man könne jemanden nicht hundertprozentig davon abhalten, relativieren Andreas und Andreas[154], eine Art der Interpretation zu finden, von der man nicht wolle, daß er sie mache; aber man könne zumindest so sorgfältig sein, daß man es ihm schwer mache, den falschen Weg einzuschlagen. Darum seien Metaphern immer auf alle möglichen unbeabsichtigten Bedeutungen, Zweideutigkeiten, Vorannahmen, Beziehungen und Prozesse zu prüfen, die Interpretationen erzeugen könnten, von denen man nicht wolle, daß der Zuhörer sie heraushöre – und das mache man natürlicherweise, bevor man sie erzähle.

Ein entsprechender Hinweis findet sich auch bei Dilts u.a.[155], die versuchen, die Aufmerksamkeit besonders auf Organsprache und Redewendungen zu richten, wenn mit Menschen an Gesundheitsproblemen gearbeitet wird.

„Menschen machen metaphorische Aussagen, die sich auf Teile des Körpers beziehen. Es ist nicht ungewöhnlich, daß Menschen metaphorische Bezüge herstellen, die sich auf bestimmte physiologische Probleme beziehen, die sie haben. Das Unbewußte scheint oft die Sprache »wörtlich« zu nehmen und Symptome zu verstärken, die durch die Sprache des Betreffenden »suggeriert« werden. Ein Beispiel dafür war eine Frau, die sich auf dem Gebiet der Transaktionsanalyse sehr engagierte (wo davon gesprochen wird, »Schläge zu geben« [»giving strokes«]). Sie bekam einen »stroke«, einen Schlaganfall."

Ein weiteres Beispiel, auf das hinzuweisen ist, sind Idiome. Jeder Satz, der idiomatische Bedeutung hat, wird nach Grinder und Bandler[156] zweimal verbucht. Der Ausdruck „den Löffel abgeben" habe eine idiomatische Bedeutung, nämlich, daß jemand sterbe, und er habe auch eine wörtliche Bedeutung. Und jedes Mal, wenn so eine Redewendung gebraucht werde, würden beide Bedeutungen registriert. Sage jemand regelmäßig: „Meine Kinder machen mir Kopfschmerzen", garantieren sie ihm, daß er irgendwann wirklich Kopfschmerzen bekomme.

Weiterhin sollten Sie die Aufmerksamkeit bei der Prüfung von Metaphern, die Sie benutzen möchten, auf Negationen richten. Grinder und Bandler[157] sagen, es gebe kein einziges Kommunikationsmuster, das so viele Störungen bei der Verständigung verursache wie die Negation, denn die Negation existiere nur in der Sprache, nicht aber im Erleben. Grinder und Bandler empfehlen, einmal selbst zu prüfen, wie man folgenden Satz erlebe: „Der Hund jagt die Katze nicht." Wenn man dem folgt, wird man Grinder und Bandler[158] sicher auch zustimmen, daß man natürlich mit demselben Muster auch sinnvolle Ergebnisse erzielen kann, etwa wenn man sagt: „Fühlen Sie sich nicht zu wohl", oder: „Ich möchte Sie nicht bitten, sich jetzt zu entspannen."

Darüber hinaus ist der Kontext einer eventuell angezielten Veränderung zu berücksichtigen. Erickson[159] achtete beispielsweise immer sehr sorgfältig darauf, ob seine Interventionen angemessen waren, das heißt, wie diese Interventionen innerhalb der Umgebung, in der sein Klient lebte, wirken und welchen Einfluß sie auf seine Person und auf sein soziales Umfeld nehmen werden. Denn, so Gordon und Meyers-Anderson[160], aus einer Veränderung des Klienten ergebe sich fast immer die Begegnung mit neuen Leuten, anderen Dingen und Erlebnissen in der Umwelt und damit die Möglichkeit, neue Generalisierungen über sich selbst und über die Welt aufzustellen.

d) Quellen für Metaphern

Es wird unstrittig sein, daß es so viele Möglichkeiten gibt, Metaphern zu konstruieren oder aus dem bereits Vorfindlichen zu wählen, wie es Menschen auf unserem Planeten gibt. Aus dem Schatz dieser Möglichkeiten weise ich besonders auf vier (allerdings schwer) abgrenzbare Möglichkeiten hin und empfehle bereits im Vorgriff an dieser Stelle das wohl allgemeingültige Einsteinsche Prinzip: „Alles sollte so einfach wie möglich gemacht werden, aber nicht einfacher." Denn je komplexer die konstruierte oder gewählte Metapher ist, desto höher sind die Anforderungen an die Balance der Wahrnehmung bei der Präsentation der

Metapher, das heißt an das beständig notwendige Hin- und Herpendeln der Aufmerksamkeit zwischen der Wahrnehmung innerer und äußerer Sensationen. Dabei meint innere Wahrnehmung die Bewußtwerdung innerer Prozesse und äußere Wahrnehmung, daß die Aufmerksamkeit auf einzelne und die Umwelt gerichtet ist und, wenn man in didaktischen Kontexten arbeitet, auf Sensationen, die sich natürlicherweise oder auch nicht in der gesamten Gruppe ergeben und umgekehrt.

Grundsätzlich erscheint es angemessen und hinreichend, nach der Verfügbarkeit vier Typen von Metaphern zu unterscheiden:

Typ 1: Konstruierte Metapher

Unter dieser Art von Metaphern seien hier die Metaphern verstanden, die Sie mit Ihrem handwerklichen Geschick und mit der gebotenen Sorgfalt selbst und in Kenntnis Ihrer Ziele in Ihrer Metaphern-Werkstatt herstellen, und zwar ähnlich, wie mit den Beispielen von Cameron-Bandler und Laborde bereits hinreichend veranschaulicht. Das setzt allerdings voraus, daß Sie die Zeit für die Konstruktion der Metapher haben.

Typ 2: Intuitive Metapher

Bei dieser Art von Metaphern ist zu unterscheiden nach dem Zeitpunkt ihrer Fälligkeit. Möchten Sie spontan eine Metapher nutzen in der Arbeit mit einzelnen oder einer Gruppe, dann verbleibt Ihnen das Vertrauen auf Ihre Intuitionen[161]. Und hier wird überprüfbar sein, was Vester[162] sagt: „Wer also viel erlebt, dem wird mehr einfallen." Warten Sie hier vergeblich auf die Intuition, oder dauert es Ihnen zu lange, dann ist eine gute Strategie, die Physiologie dessen zu spiegeln, dem Sie die Metapher erzählen möchten, und sich dann überraschen zu lassen, welche Intuitionen das Unbewußte Ihnen zugänglich macht, wie das nachstehende Beispiel veranschaulicht:

Angenommen, die Hände Ihrer Klientin liegen kraftlos in ihrem Schoß, ihr Oberkörper ist stark nach vorne gebeugt, der Kopf auf die Brust gesunken, und ihre Beine sind gekreuzt... , dann spiegeln Sie diese Physiologie, diesen Zustand, bis Ihnen die gesuchte Metapher in den Kopf schießt, bspw. „Ich erinnere mich gerade an meine Großmutter, die auf einem Wochenmarkt Tag für Tag, Jahr für Jahr, bei jedem

Wetter, Sommer wie Winter, mal schweißtriefend und ein anderes Mal mit klammen Fingern, die sie ganz kraftlos werden ließen, sehr sehr schwer körperlich arbeiten mußte, bis plötzlich, für sie völlig überraschend und, wie sie mir später einmal erzählte, äußerst verwirrend, etwas Interessantes geschah, das ihr Leben völlig veränderte... ." Erzählen Sie Ihrer Klientin diese Metapher, können und sollten Sie sie fließend (zeitgleich) zum Verlauf der Geschichte eben auch durch sanfte Veränderungen Ihrer eigenen Physiologie und mit zusehends kraftvoller werdender Stimme aus diesem Zustand herausführen. Dieses unterstützende nonverbale und verbale Leaden ist auch dann angezeigt, wenn Ihre Klientin die Augen geschlossen hat, denn ihr Unbewußtes registriert die Veränderungen bei geschlossenen Augen ebenso wie Sie die Blicke eines Menschen in Ihrem Rücken spüren, obwohl Sie bspw. in einem öffentlichen Verkehrsmittel mit dem Lesen einer Zeitung beschäftigt sind oder konzentriert auf das Umschalten einer Ampel an der Verkehrskreuzung warten.

Befinden Sie sich in einer Situation, in der Sie etwa für den nächsten Tag eine Metapher benötigen, ist es das Effektivste, was Sie tun können, es völlig Ihrem Unbewußten zu überlassen, Ihnen die benötigte Metapher zugänglich, das heißt bewußt zu machen. Um das zu verwirklichen, können Sie die folgende Strategie nutzen: Sobald Sie abends zu Bett gegangen sind und schlafen möchten, vergegenwärtigen Sie sich, kurz bevor Sie einschlafen, in allen Einzelheiten den Plan, zu dessen Verwirklichung Sie die Metapher benötigen, und bitten dann Ihr Unbewußtes, Ihnen die benötigte Metapher am Morgen des nächsten Tages (oder wann auch immer diese benötigt wird) bewußt zu machen oder, was erfahrungsgemäß oft geschieht, auf dem Weg zu Ihrer Praxis oder zum Seminar. Und dann lassen Sie sich überraschen, und vergessen Sie nicht, sich bei Ihrem Unbewußten für das erhaltene Geschenk respektvoll zu bedanken.

„Dies ist eine gute Gelegenheit, Ihre Aufmerksamkeit auf die Tatsache zu lenken, daß die Komponenten, deren Kombination eine effektive therapeutische Metapher schafft, auch die Komponenten sind, die sehr oft das natürliche und unbewußte Ergebnis des Geschichtenerzählens sind. Wenn wir eine Geschichte erfinden, konstruieren wir sie unbewußt meist so, daß sie mit gewissen persönlichen oder allgemeineren

Erfahrungen korreliert, bieten eine Lösung an, beziehen verschiedene Ebenen von Signifikanz ein und erzählen sie so, daß sie die Ableitungssuche in unseren Zuhörern maximiert."[163]

Nach meiner Erfahrung zählt dieses Verfahren zu den effektivsten überhaupt, denn die Metapher ist stets ökologisch (das Unbewußte ist sehr weise), und Sie werden beim Vortrag dieser Metapher völlige Kongruenz ausstrahlen, weil Ihr Unbewußtes und Ihr Bewußtsein in die gleiche Richtung streben.

Typ 3: Gelenkte Phantasie

Bei der Bildung und Anwendung von Metaphern können Sie nach Gordon[164] auch dem Klienten die Arbeit überlassen. Der Klient geht seinen eigenen Phantasien nach und wird dabei durch Ihre Fragen und Kommentare gelenkt (Gelenkte Phantasie), damit er potentiell wirksame Aspekte der Phantasie beachtet.

Eine Verwandtschaft mit den gelenkten Phantasien zeige sich, so Gordon[165], wenn dem Klienten die Verantwortung für die Lösung einer durch den Therapeuten konstruierten Metapher übergeben werde. Je nach der Art des Problems und seinem Temperament könne man den Klienten auffordern, ein metaphorisches Märchen, das der Therapeut angefangen habe, zu beenden, also zu lösen. Der Therapeut beschreibe einfach dem Klienten die Situation eines „anderen" Klienten oder Freundes, der ein isomorphes Problem habe, gebe aber vor, nicht zu wissen, was er tun solle, und frage den Klienten, was er in der Situation tun würde. Wisse dieser eine Antwort, sei sie ein echter Entwurf zur Lösung seiner eigenen Problemsituation, da die Antwort aus seinem eigenen Modell der Welt stammen müsse. Oft sei es dann gar nicht mehr nötig, diesen Entwurf weiterzuentwickeln, weil der Klient bewußt oder unbewußt erkenne, daß er gerade selbst eine Lösung für sein Problem gefunden habe.

Typ 4: Kollektive Metapher

Eine reichhaltige Auswahl an Metaphern finden Sie auch in Ihrer natürlichen Umwelt, wenn Sie auf das kollektive Wissen zugreifen, also beispielsweise auf historische, philosophische, psychotherapeutische Literatur, Belletristik, Zeitschriften und Tageszeitungen, wenn Sie sorgfältiger als bisher registrieren, was Ihnen Freunde, Bekannte, Ihre Kinder, Klienten und/oder Teilnehmer Ihrer Seminare an Metaphern und Anekdoten (meist unbewußt) präsentieren. Selbst wenn Ihnen bei dem Gelesenen oder Gehörten kein Verwendungszweck bewußt sein sollte, kann und wird Ihnen das zu einem späteren Zeitpunkt nützlich sein, weil Ihr Unbewußtes das Gelesene oder Gehörte, soweit es für Sie bedeutsam ist, sehr sorgfältig registriert, systematisiert und archiviert.

Außerdem sollten Sie berufsbezogene Fachzeitschriften studieren. Grinder und Bandler[166] empfehlen Psychotherapeuten, sie sollten unbedingt Neurologie-Zeitschriften lesen: Da fänden sie die besten Metaphern, die es überhaupt gäbe. Folgen Sie dieser Empfehlung, bedeutet das: Arbeiten Sie in einem betriebswirtschaftlichen Kontext, studieren Sie die betriebswirtschaftlichen Fachzeitschriften; arbeiten Sie mit Lehrern, lesen Sie pädagogische Zeitschriften, arbeiten Sie mit Jugendlichen, Zeitschriften, die Jugendliche lesen, usw. Der kaum zu überschätzende Vorteil dieses Vorgehens ist, daß solche Metaphern den Kontext, in dem Sie tätig sind, explizit adressieren und eben auch mit dem für den Rapport wichtigen kulturellen Weltbild Ihrer Zielgruppe zumeist kompatibel sind, was den Rapport zu einzelnen oder der Gruppe nachhaltig positiv beeinflussen kann und wird – weil Ihre Metaphern die gleiche Sprache sprechen wie Ihre Adressaten, weil sie Aspekte hervorheben, die auch für Ihre Adressaten bedeutsam sind.

Für welche Möglichkeit oder für welche Möglichkeiten Sie sich auch entscheiden: Sie müssen und werden in jedem Falle bewußt oder (besser) unbewußt die bereits skizzierten und erläuterten Anforderungen an die Metaphern beachten. Und entsprechend gilt auch gleichsinnig übergreifend das, was Sie beim Vortrag einer Metapher, bei Ihrer Präsentation regelmäßig beachten sollten.

2.2 Präsentation der Metaphern

Der beste Weg, andere Menschen zu ändern, ist, sich selbst zu verändern. Dann verändert man seine Beziehungen, und andere müssen sich ebenfalls ändern. Ungeachtet dessen wird häufig sehr viel kostbare Zeit

dadurch verschwendet, daß Menschen sich zwar auf einer Ebene ernst-
haft bemühen, jemand zu ändern, auf einer anderen Ebene ihres Verhaltens aber das verstärken, was sie verändern möchten.[167]

a) Kongruent vortragen

Ebenso wichtig wie die sorgfältige Konstruktion oder Wahl der Metapher ist die Art und Weise ihrer Präsentation, mit der schließlich das
steht und fällt, was Sie erreichen möchten. Dabei ist erstens bedeutsam,
daß Sie einen optimalen Rapport zu Ihrem Klienten bzw. zu dem
einzelnen Teilnehmer und/oder zu der Gruppe[168] haben, falls es sich um
einen didaktischen Kontext[169] handeln sollte, und aufrechterhalten können.

„In vielen Zusammenhängen ist es schwierig, die Strategien einzelner
zu pacen – besonders bei großen Gruppen und unter zeitlicher Begren-
zung. Wenn Sie sich an Gruppen wenden, dann präsentieren Sie Ihr
Material möglichst durch die drei Hauptrepräsentationssysteme. Präsentieren Sie Ihre Ideen so, daß Menschen sie hören, sehen und nach-
fühlen können. Wir haben diesen Vorgang der Kommunikation von
Material durch jedes Repräsentationssystem an anderer Stelle als »Redundanz« bezeichnet. Redundanz reduziert die Möglichkeit von Miß-
kommunikation und stellt sicher, daß Sie, zumindest zu irgendeinem
Zeitpunkt, mit jedem der Zuhörer »im Gleichschritt« (pace) sind."[170]

Als ein weiterer und entscheidender Aspekt gilt, daß Sie während der
Laufzeit der Präsentation völlig kongruent sind, daß also Ihr Unbewußtes und Ihr Bewußtsein in die gleiche Richtung streben, das heißt zu
dem, was Sie erreichen möchten. Dabei mag es zwar für alle Beteiligten
unterstützend und damit vorteilhaft sein, daß Sie überzeugt sind von
dem, was Sie tun, aber das ist keineswegs zwingend – wesentlich und
bedeutsamer ist, daß Sie überzeugend wirken, also was Sie ausstrahlen
und nonverbal dem Zuhörer oder der Gruppe signalisieren.

„Wenn Sie bei dem, was Sie vorhaben, irgendeine persönliche Unsicherheit oder innere Unstimmigkeiten haben, gibt es ein Verfahren, mit
dem Sie Ihre Kongruenz herstellen können, ein Sprachverhalten, das wir
»Zitieren« nennen. Sie können zum Beispiel anfangen: »Lassen Sie mich

erzählen, als ich das letzte Mal in Phoenix war und Milton Erickson besuchte. Ich ging in sein Büro, und er kam mit seinem Rollstuhl hereingerollt, sah mich an und sagte: Versetzen Sie sich in Trance!« Wenn Sie zitieren, geben Sie Ihrem Verhalten einen Rahmen, der so etwas aussagt wie: »Nicht ich sage das. Ich berichte nur von einem Erlebnis, das ich gehabt habe.«[171]

Das Zitieren ist nach Grinder und Bandler[172] eine gute Möglichkeit, neue Verhaltensweisen, bei denen Sie noch unsicher sind, auszuprobieren. Indem Sie einfach so tun, als seien Sie jemand anders, könnten Sie ausprobieren, wie es wäre, wenn Sie dieses Verhalten bereits beherrschen würden.

„Der beste Weg herauszufinden, wozu Sie fähig sind, ist, so zu tun, als könnten Sie es. Handeln Sie so, »als ob« Sie es können. Was Sie nicht tun können, werden Sie auch nicht ausprobieren. Wenn es wirklich unmöglich ist, machen Sie sich keine Sorgen, das finden Sie schon heraus. (Und stellen Sie sicher, daß Sie, wenn nötig, angemessene Sicherheitsvorkehrungen treffen.) Solange Sie glauben, daß etwas unmöglich ist, werden Sie in der Tat nie herausfinden, ob es möglich ist oder nicht.“[173]

Der von Grinder und Bandler vorgeschlagene Einsatz verdeckter Anekdoten wird in der NLP-Fachliteratur als „Mein Freund John-Anekdote" bezeichnet. Gordon[174] sagt, diese Technik biete eine wunderbare Gelegenheit, Flexibilität und Kreativität in der Auswahl von Kontexten und Analogien für Metaphern zu erwerben. Dabei erzähle man etwa das Problem eines Klienten (natürlich mit einer Lösung), als ob es ein gelöstes Problem von „jemand anderem" sei. Etwa: „Ich hatte vor ein paar Tagen einen anderen Klienten hier, und er hatte ein ähnliches Problem... etc. Es war interessant, wie er sein Problem löste. Er machte... etc." Eine ähnliche Technik bestehe darin, so Gordon weiter, dem Klienten ein Märchen oder eine anekdotische Geschichte vorzulesen, die „zufällig" eine Metapher für das Problem des Klienten sei. Sie könnten dann erklären, daß Sie die Geschichte für Ihre Kinder (oder für sich selbst) geschrieben hätten und daß Sie gerne seine „Reaktion" darauf hören würden. Wenn es sich um einen regelmäßigen Klienten handele, könne man die Geschichte im voraus schreiben (oder zumindest entwerfen). Wenn nicht, könne man einfach aus einem

Stapel leerer oder unwichtiger Papiere „lesen", falls man die nötige Gewandtheit dafür besitze. Und dies seien nur einige Beispiele der vielen Möglichkeiten, wie Metaphern kreativ eingesetzt werden können.

Und schließlich sollten Sie auch Ihrer Stimmführung besondere Aufmerksamkeit widmen, weil durch diese eben auch sehr schnell Inkongruenzen präsentiert werden können, wie von Grinder und Bandler[175] hervorgehoben wird, indem sie das kommentieren, was sie in einer Kleingruppe wahrgenommen haben.

„Vorhin habe ich gehört, wie jemand »hinauf« sagte und dabei seine Stimme senkte. Das ist eine Inkongruenz: die beiden Sachen passen nicht zusammen. Das ist, als würden Sie mit monotoner Stimme darüber reden, wie es ist, furchtbar aufgeregt zu sein. Manche Hypnotiseure machen das. Es gibt ja die alte Auffassung, man solle möglichst monoton sprechen, wenn man hypnotisiert. Wenn Sie aber jemanden in eine aufregende Situation zurückversetzen wollen, ist es viel wirksamer, wenn Sie auch aufgeregt sprechen. Wenn man in Trance ist, heißt das ja nicht, daß man abgestorben ist.

Viele Leute sagen: »Ich glaube, ich war gar nicht in Trance, ich konnte ja noch alles Mögliche hören und fühlen.« Wenn man gar nichts mehr hört und sieht, dann ist man tot. Das ist aber etwas ganz anderes. Unter Hypnose ist sogar meistens alles, was Sie hören, sehen oder fühlen, viel intensiver als sonst."

b) Inkorporieren und utilisieren

Außerdem müssen während der gesamten Laufzeit Ihrer Präsentation alle Pforten Ihrer Wahrnehmung für Feedback geöffnet sein, und Sie müssen flexibel genug sein, dieses Feedback synchron zu nutzen, also entsprechend zu reagieren.

„Man kann nie im voraus wissen, ob eine Metapher oder eine bestimmte Vorgehensweise, die man ausprobiert, eine Phobie oder ein anderes traumatisches Erleben anspricht. Wenn Sie wissen wollen, ob Ihr Vorgehen angemessen ist, müssen Sie auf das Feedback achten. Solange Sie den Klienten ständig beobachten, werden Sie sofort merken, wann eine Störung auftritt."[176]

Bei einer Gruppe bedeutet das etwa, daß Sie die gesamte Gruppe zumindest in Ihrem peripheren Blick haben und das, was geschieht und bedeutsam ist, fließend inkorporieren können. Andreas und Andreas[177] veranschaulichen mit Hilfe eines Beispiels, wie elegant inkorporiert werden kann.

„Ihr könnt an eine tolle Geschichte über ein ängstliches Kaninchen denken, das den Mut faßte, neue Verhaltensweisen auszuprobieren. An irgendeinem Punkt könntet Ihr sagen:»Das Kaninchen schaute über die Lichtung hinweg und dachte: Ich wette, ich kann schnell laufen und sie überqueren, bevor der Falke mich entdeckt.« Wenn Ihr dann ein leichtes Kopfschütteln oder ein anderes nonverbales Signal von Nichtübereinstimmung entdeckt, müßt Ihr das pacen, sonst ist alles, was Ihr danach macht, Zeitverschwendung. Ihr könnt diese Reaktion dadurch pacen, daß Ihr so etwas sagt wie:»Und dann dachte das Kaninchen: Nein, ich wäre nicht fähig, das zu tun«, und den Klienten auf nonverbale Übereinstimmung betrachten, bevor Ihr mit der Metapher fortfahrt."

Selbst wenn die Metapher so entworfen sei, so Andreas und Andreas[178], daß sie eine Polaritäts-Reaktion bewirken solle, benötige man ständig Feedback, um sich zu vergewissern, daß der Zuhörer einem folge und angemessen auf die Metapher reagiere. Es seien immer spontane Reaktionen vorhanden, die das signalisieren. Wenn man nicht viel bemerke, könne man Instruktionen in die Metapher einbauen, um spezifisches Feedback zu ermöglichen. Man könne sagen: „Und dann machte mein Freund eine Pause und nickte leicht vor sich hin, als er in Erwägung zog, was er tun könne..." – und dann auf eine unbewußte Pause oder ein Nicken als Reaktion achten. Man könne jede derart einfache Instruktion nehmen, egal wie irrelevant sie sei (solange sie nicht die anderen Reaktionen störe, die man mit der Metapher selbst hervorrufen wolle). Wenn man diese Arten von Instruktionen für unbewußtes Feedback nutze, richte sich die Aufmerksamkeit auch auf die anderen Reaktionen des Klienten, die bereits da seien, die man aber möglicherweise noch nicht bemerkt habe.

Was Sie hier ebenso beachten müssen, wenn Sie einzelnen oder einer Gruppe Ihre Metapher präsentieren, das sind Ereignisse, die sich natürlicherweise in der Außenwelt ergeben, wenn also etwa eine Tür zuschlägt oder, was auch häufig geschieht, die Glocke des nahen Kirchturms läutet, ein verspäteter Teilnehmer den Raum betritt usw. In allen genannten und ähnlichen Fällen ist es wahrscheinlich das Ineffektivste, wenn Sie so tun, als sei nichts geschehen.[179] Dadurch können Sie, wie Andreas und Andreas bereits angedeutet haben, unter Umständen den Rapport verlieren, weil die Menschen, mit denen Sie arbeiten, die Gewißheit brauchen, daß Sie aufmerksam verfolgen, was in ihrem Erleben geschieht. Geschieht etwas Bedeutsames, sollten Sie das in Ihre nächste Verbalisierung inkorporieren und damit dem Adressaten der Metapher (oder der Gruppe) signalisieren, daß Sie verfolgen, was in seinem (bzw. ihrem) Erleben geschieht. Eine Inkorporation könnte dann etwa sein: „Und das laute Türenschlagen, das Sie eben gehört haben, wird Sie dazu bringen, sich nun noch wohler zu fühlen, während Sie hier sitzen und den Klang meiner Stimme hören."[180] Das bedeutet, am Anfang stellen Sie fest, was geschehen ist, und knüpfen daran die Reaktion, die Sie haben möchten.

Das wichtigste scheint mir allerdings zu sein, daß Sie das berücksichtigen, was eine kleine Geschichte lehrt, die Milton Erickson[181] einmal erzählt hat. Erickson berichtete, irgendwann einmal habe ihn eine seiner Töchter gefragt: „Vati, warum machen die Leute all diese verrückten Sachen, die du ihnen sagst?" – und er habe geantwortet: „Weil sie wissen, daß es mir ernst ist."

c) Kommunikation mit dem Unbewußten

„Ende des neunzehnten Jahrhunderts scheint sich die Lehre vom »Unbewußten« in zwei verschiedene Ströme geteilt zu haben. Sigmund Freud betonte, daß das Unbewußte aus Triebkräften zusammengesetzt sei, die versuchen, in das Bewußtsein durchzubrechen. Seine Therapiemethode war auf dem Mißtrauen gegenüber allem, was sich außerhalb des Bewußtseins, der rationalen Bewußtheit befindet, aufgebaut. Der andere Strom wurde hauptsächlich durch Hypnotiseure vertreten, die betonten, daß das Unbewußte eine positive Kraft sei. Das Unbewußte würde bewirken, daß die Person das tut, was für sie am besten ist. Deshalb neigten die Hypnotiseure zu der Ansicht, daß sich das Unbewußte im Leben des Menschen äußern soll."[182]

75

Ungeachtet dessen scheinen sich die Vertreter des NLP nicht einig zu sein, ob mit Hilfe der Metapher das Bewußtsein und das Unbewußte adressiert werden soll oder nur das Unbewußte. Wie bei Laborde bereits deutlich geworden ist, adressiert sie ganz offensichtlich auf der ersten Ebene das Bewußtsein, auf der zweiten Ebene das Bewußtsein und das Unbewußte und erst auf der dritten Ebene explizit das Unbewußte, obwohl vor dem Hintergrund, daß Metaphern die direkte Kommunikation mit dem Unbewußten ermöglichen, doch eigentlich stets der letzte Weg gewählt werden sollte, nämlich die direkte Adressierung des Unbewußten und Ablenkung des zumeist störenden Bewußtseins.

Die Auffassung, daß das Unbewußte zu adressieren sei und das Bewußtsein abzulenken, kann sich auf Erickson stützen, der, so Gordon und Meyers-Anderson[183], nicht glaubte, daß bewußte Einsicht in die Probleme eine notwendige Voraussetzung für sinnvolle Veränderung sei. Ja, er halte sie normalerweise sogar für ziemlich nutzlos. Experimente (mit Hypnose) haben nach Erickson[184] wiederholt gezeigt, daß klare unbewußte Einsichten, wenn ihnen der Weg ins Bewußtsein freigegeben werde, bevor dort eine Bereitschaft für sie vorhanden sei, zu bewußtem Widerstand, zur Zurückweisung, Verdrängung und sogar – via Verdrängung – zum Verlust unbewußter Gewinne führten. Die separate Arbeit mit dem Unbewußten biete also die Möglichkeit, die Fortschrittsrate des Patienten so zu mäßigen und zu kontrollieren, daß die Reintegration in einer Weise stattfinde, die für das Bewußte akzeptierbar sei. Wie jeder wisse, so Gordon und Meyers-Anderson[185], der sich einer Psychoanalyse unterziehe, müsse man zunächst einmal sehr gründlich graben, um zu den Wurzeln eines Problems zu kommen. Dieses mühevolle Aufdecken der Vergangenheit wäre gerechtfertigt, wenn ein solches Wissen die gewünschten Veränderungen brächte. Nach ihrer Erfahrung bringe jedoch das Wissen allein kaum eine Heilung. Der Therapeut erhalte vielleicht wertvolle Informationen, und vielleicht komme es zu einer kurzfristigen Erleichterung durch die Katharsis, aber im großen und ganzen werde nur die Neugier des Klienten befriedigt. Darum würden sie, wenn ihre Klienten verlangten, die historischen Kräfte, die ihren gegenwärtigen Schwierigkeiten zugrunde liegen, bewußt zu durchschauen, dieser Frage manchmal gemeinsam mit ihnen auf den Grund gehen, bis diese zufrieden seien. Und wenn sie dann fragten, ob das Wissen vom „Warum" etwas verändert habe, sei die Antwort immer: „Nein, eigentlich nicht." Es stelle sich also die ernsthafte Frage, ob die Einsicht in unsere Probleme hilfreich oder notwendig sei, um sie zu beheben, zumal es sehr zeitaufwendig sein könne, diese innere Einsicht zu erlangen.

Doch auch für Grinder und Bandler[186] scheint diese Frage unentschieden. Jedenfalls ist es für sie egal, ob das Bewußtsein an der Veränderung beteiligt ist. Zwar sei es eigentlich sinnvoller, das Bewußtsein mit etwas anderem zu beschäftigen, das relativ unwichtig sei – etwa mit der Frage, durch welche der drei Türen es hindurchgehen werde. Entscheidend sei aber, den Bewußtseinszustand zu verändern. Und dafür sei eben wichtig, daß der Klient erlebe: Er geht durch eine Tür. Denn das bedeute, er verläßt seinen üblichen Bewußtseinszustand und geht in einen anderen über, der sich von seiner gewohnten Art, die Welt wahrzunehmen, unterscheide.

Danach könnte man zu der Auffassung gelangen, es sei beliebig, ob das eine oder andere mehr oder weniger akzentuiert adressiert wird. Das ist nach meiner Erfahrung keineswegs der Fall. Immer, wenn ich unsicher war, was ich bei der Arbeit mit Metaphern (oder bei der Nutzung anderer Methoden) adressiere, und in diesem Maße beim Vortrag der Metapher auch nur inkongruent sein konnte, bekam ich regelmäßig durch das Feedback meines Klienten oder der Gruppe quittiert, daß das, was ich getan habe, nicht besonders effektiv war. Darum weise ich ausdrücklich darauf hin, seien Sie sich, wenn Sie mit der Metaphermethode arbeiten, völlig im klaren darüber, was Sie adressieren möchten, und tun Sie es dann auch.

Dabei versteht es sich von selbst, daß jemand, der das Unbewußte adressiert, nicht anschließend anfangen sollte, dem Bewußtsein die Metapher zu erklären oder mit ihm über die Metapher zu debattieren.[187] Denn das ist nur dann angezeigt, wenn man das Erreichte, und das ist das einzige, wofür dieses Verfahren sehr nützlich ist, systematisch Schritt für Schritt retrograd ruinieren möchte. „Obwohl Erickson dies nicht so deutlich sagt, ist in seiner Arbeit die Idee impliziert, daß ein Therapeut, der seinen Klienten zu verstehen hilft, »warum« sie sich so und nicht anders verhalten, eine eigentliche therapeutische Veränderung verhindert."[188]

d) Indikatoren für die Effekte von Metaphern

Woran erkennen wir aber nun den Effekt der Metaphern, ob die Metapher für unseren Klienten oder eine Gruppe bedeutsam ist? Nach Bandler und Grinder[189] kann mit zwei unterschiedlichen Arten von Feedback gerechnet werden:

1. das verbale, absichtlich-bewußte Feedback – das ist die bewußte Reaktion des Adressaten der Metapher auf den Vortrag;
2. das nonverbale, spontan-unbewußte Feedback – das ist die unbewußte Reaktion des Adressaten der Metapher auf den Vortrag, wie etwa ein kurzes Aufleuchten des Gesichts, ein Zögern, wenn er sich besinnt, an etwas erinnert.

Und sie merken hierzu an, es sei eine wichtige Fertigkeit in der Kunst des Geschichtenerzählens, das unbewußte Feedback zu nutzen, um gerade so viele Anhaltspunkte zu geben, daß der Adressat der Metapher eine prozessual unbewußte Lösung findet, noch bevor er sie bewußt richtig verstehe. Dieser Fertigkeit sei es zu verdanken, wenn der Adressat der Metapher Überraschung und Freude erlebe und nun entdecke, daß er mehr wisse, als er noch zuvor glaubte zu wissen.

Als weiteren Indikator für die Wirkung von Metaphern verfügen die Neuro-Linguistischen Programmierer über das Konzept der körpersprachlichen Symmetrie der rechten und linken Hälfte des Körpers. Das heißt, beinhaltet die Metapher eine relevante Botschaft für den Adressaten, ist prozessual mit rechts- und linkshemisphärischer Integration zu rechnen und infolgedessen mit einem symmetrischeren Gesamtausdruck als zuvor, und der Adressat hat mehr Möglichkeiten zu erreichen, was er möchte. Diesem Konzept liegt die Annahme zugrunde, daß sich bei Menschen körpersprachlich abbildet, was im Gehirn geschieht.

Die angesprochenen Indikatoren für die Effekte von Metaphern verweisen darauf, daß die Nutzung der Metaphermethode beim Anwender zwei hinreichend entwickelte Fähigkeiten voraussetzt, die zu unterscheiden sind: Erstens die Fähigkeit, geeignete Metaphern zu finden und/oder zu entwickeln, und zweitens die Fähigkeit, Metaphern zu präsentieren und zeitgleich Feedback wahrzunehmen, mit denen die Wirksamkeit der Metapher steht und fällt.

2.3 Zusammenfassung

Das Erkenntnisinteresse des zweiten Abschnitts war auf die Beantwortung der Fragen gerichtet, wie Neuro-Linguistische Programmierer Metaphern gestalten und was sie beim Vortrag ihrer Metaphern beachten? Die erste Frage konnte vollständig durch das Metapher-Modell und seine Komponenten beantwortet werden, das systematisch in einer ersten Übersicht entworfen und dargestellt wurde. Zu den Komponenten des Metapher-Modells zählen die wichtigsten Unterscheidungen von Metaphern, bedeutsame Kriterien für die Konstruktion einer Basismetapher, die für sonstige, oben bereits angeführte Anwendungen ebenfalls grundlegend sind, sowie die Aspekte der Ökologie von Metaphern und Quellen für Metaphern, die über die Aspekte der Konstruktion hinausweisen.

Bei den Arten von Metaphern wurde eine Systematik empfohlen, die abweichend von anderen NLP-Autoren wenige Unterscheidungen beinhaltet. Maßgeblich für dieses Vorgehen waren der dadurch vereinfachte Prozeß der Aneignung und daß in der NLP-Fachliteratur regelmäßig nur die Entwicklungsbedingungen für die imperative Metapher erörtert werden. Diesen Anforderungen genügte etwa die Systematik von Bandler und Grinder, die lediglich zwei Arten von Metaphern unterscheidet. Das ist die von ihnen als isomorph bezeichnete Metapher und die von mir als imperativ benannte Metapher. Dabei spiegelt die isomorphe Metapher strukturell das Problem des Klienten und beinhaltet einen metaphorischen Lösungsweg, während die imperative auf eine spezifische Reaktion zielt und sich damit auch an die strategisch-experimentelle Hypnotherapie und Psychotherapie Milton Ericksons anlehnt. Diese Vereinfachung ermöglicht die Darstellung der wichtigsten Anforderungen, die an Konstruktion und Nutzung aller Arten von Metaphern zu stellen sind.

Für die Entwicklung der isomorphen Metapher sind nach der NLP-Fachliteratur bestimmte Charakteristika maßgeblich, die den Kern des Metapher-Modells bilden: Die Metapher spiegelt oder beschreibt strukturell das Problem und/oder die Situation, für das bzw. für die sich der Klient neue Wahlmöglichkeiten wünscht, und weist eine Lösung oder eine Menge von Lösungen auf, die es dem Unbewußten des Klienten ermöglichen, neue Wahlmöglichkeiten für das Problem und/oder die Situation zu generieren. Diese Kriterien sind erfüllt, wenn das Unbewußte des Klienten die Metapher als strukturelle Eins-zu-eins-Beziehung zum Problem oder zur Situation akzeptiert, ohne daß das Bewußtsein des Klienten die Isomorphie und die angebotene Lösung oder die Menge von Lösungen als beabsichtigt erkennt.

Nach diesem Modell weisen wirksame Metaphern drei Komponenten auf: Ein Problem, zu dem die Metapher isomorph ist, die Metapher selbst sowie ein Verfahren, mit dem der Anwender arbeitet, um vom Problem oder der Situation zur Lösung zu gelangen. Und es wurde darauf hingewiesen, daß jede Metapher, die diese Charakteristika aufweist, wirksam sein kann.

Weil isomorphe Metaphern vom Ergebnis her betrachtet eine rechts- und linkshemisphärische Integration anstreben, sind sie möglicherweise auch geeignet, ein wenig von dem Nebel zu lichten, von dem in Gregory Batesons Metalog die Rede ist:

T: Papi, warum benutzt du die übrigen drei Viertel deines Gehirns nicht?

V: Oh, ja – das – weißt du, das Problem ist, daß ich auch Lehrer in der Schule hatte. Und die haben etwa ein Viertel meines Gehirns mit Nebel gefüllt. Und dann habe ich Zeitungen gelesen und auf das gehört, was andere Leute sagten, und da war ein weiteres Viertel vernebelt.

T: Und das andere Viertel, Papi?

V: Oh – das ist der Nebel, den ich selbst erzeugt habe, als ich versuchte nachzudenken.

In unserem Modell meint Isomorphismus, daß in der Geschichte auftretende Personen und/oder Ereignisse, den Personen und Ereignissen entsprechen, die die Situation oder das Problem des Klienten oder einer Gruppe qualifizieren. Entsprechend findet sich jede am Problem des Klienten oder der Gruppe beteiligte Person in den metaphorischen Charakteren wieder. Und ebenso werden mit Hilfe der Metapher die Parameter des Problems und die darin enthaltenen Prozesse repräsentiert. Dabei sind alle Repräsentationen den Parametern des Problems aber nur gleichartig, indem die Beziehungen zwischen den Parametern in der Metapher beibehalten werden, wie sie auch in der tatsächlichen

80

Situation existent sind – noch kürzer: Der Isomorphismus ist die metaphorische Entsprechung der in der kritischen Situation vorfindbaren strukturellen Beziehungen.

Für die schrittweise Konstruktion einer Metapher wurde mit Bezug auf O'Connor und Seymour empfohlen, zunächst den gegenwärtigen Zustand und den erwünschten Zielzustand der Person (oder der Gruppe) festzustellen, für die die Metapher bestimmt ist. Dann können im nächsten Schritt die beteiligten Personen, die Orte, die Gegenstände, die Handlungen, die Zeit sowie die Repräsentationssysteme und die Submodalitäten der verschiedenen Elemente ermittelt und ein Kontext für die Geschichte gewählt werden, der für den oder die Adressaten der Metapher interessant sein wird. In einem weiteren Schritt lassen sich dann alle Elemente des Problems durch andere signifikante Elemente ersetzen, wobei die strukturellen Beziehungen beibehalten werden müssen. Und erst dann ist es angezeigt, die Handlung so zu planen, daß sie etwa die gleiche Form hat wie der gegenwärtige Zustand und mittels einer verbindenden Strategie mittelbar oder unmittelbar zu dem erwünschten Zustand führt.

Als weitere bedeutsame Komponente des Metapher-Modells wurde der Ökologie-Test eingeführt, dem jede Metapher noch vor ihrer Präsentation unterzogen werden muß. Im Anschluß daran erfolgte mit Hilfe einer Typisierung ein ausführlicher Hinweis auf Quellen für Metaphern. Dabei wurden nach den Quellen vier Typen unterschieden: Konstruierte Metapher (Typ 1), Intuitive Metapher (Typ 2), Gelenkte Phantasie (Typ 3) und Kollektive Metapher (Typ 4).

Ergänzend hierzu konnte exemplarisch aufgezeigt werden, daß sich in das Metaphern-Modell sowohl die Systematiken anderer Autoren mit ihren spezifischen Arten von Metaphern als auch die Phänomene der metaphorischen Alltagskommunikation unschwer integrieren lassen, sobald das Modell weiter differenziert wird, als es dieser erste Entwurf ermöglichte.

Im folgenden Kapitel wurden zur Beantwortung der zweiten Frage dieses Abschnitts bedeutsame Aspekte systematisch eingeführt und erläutert, die bei der Präsentation von Metaphern zu beachten sind. Diese Hinweise bezogen sich auf den kongruenten Vortrag, Inkorporieren und Utilisieren, Kommunikation mit dem Unbewußten und Indikatoren für Effekte von Metaphern. Dabei konnten verbale und nonverbale Indikatoren unterschieden und als weiterer Indikator für die Wirksamkeit von Metaphern das Konzept der körpersprachlichen Symmetrie eingeführt werden.

Für die berufspraktische Nutzung der Metapher wird darauf hingewiesen, daß das NLP-Konzept nunmehr einen entwickelten Ansatz für die Konstruktion von Metaphern beinhaltet und daß zudem zahlreiche Fundstellen für Metaphern verfügbar sind. Dem Neuro-Linguistischen Programmierer selbst ist an dieser Stelle zu empfehlen, sich die Fähigkeit anzueignen, mit sämtlichen Typen von Metaphern zu arbeiten, um Wahlmöglichkeiten für das zu haben, was er im Kommunikationsprozeß erreichen möchte.

Metapher 3
Unmögliche Dinge glauben

„Das kann ich nicht glauben!" sagte Alice.

„Nein?" sagte die Königin mitleidig.
„Versuch es noch einmal: tief Luft holen, Augen zu."

Alice lachte. „Ich brauche es gar nicht zu versuchen", sagte sie,
„etwas Unmögliches kann man nicht glauben."

„Du wirst darin eben noch nicht die rechte Übung haben", sagte die Königin.
„In deinem Alter habe ich täglich eine halbe Stunde darauf verwendet. Zuzeiten
habe ich vor dem Frühstück bereits bis zu sechs unmögliche Dinge geglaubt. ... "

Lewis Carroll[190]

3 Funktion und Nutzen der Metaphern

In der NLP-Fachliteratur finden sich eine Fülle von Hinweisen zum Effekt der Metaphermethode, die sich in einen vorläufigen Rahmen stellen lassen, um die Aufmerksamkeit und Wahrnehmung zu orientieren und zu motivieren, selbst Erfahrungen mit der Methode zu sammeln – denn was überzeugt und motiviert mehr als die eigene Erfahrung...?

3.1 Spielmaterial für das Unbewußte

Die methodischen Möglichkeiten der Metaphern sind immer dann ganz besonders gefragt, wenn Lösungen angeboten werden, die das Bewußtsein so (noch) nicht akzeptieren kann. Als geradezu klassisches Beispiel für das Behauptete gilt der „Ja, aber-Klient"[191]: also erst Zustimmung, dann Widerpruch. Denn die Metaphermethode ermöglicht es, wie bereits deutlich geworden ist, das Bewußtsein abzulenken und direkt mit dem Unbewußten zu kommunizieren. Und nach Grinder und Bandler ist es ein großer Unterschied,[192] ob versucht wird, dem bewußten Verstand etwas klarzumachen oder dem Unbewußten zu vermitteln, daß es etwas tun solle, denn das Unbewußte sei weise und wisse, wie und wann etwas erforderlich sei.[193]

„Das Unbewußte ist, soweit ich das beurteilen kann, bereit, alles Mögliche auszuprobieren, wenn es die entsprechenden Hinweise und Instruktionen bekommt. Das Bewußtsein überlegt fortwährend, was möglich sein kann und was nicht, anstatt einfach irgendein Verhalten auszuprobieren. Das Bewußtsein mit seinem beschränkten System von Überzeugungen ist hinsichtlich seiner Bereitschaft, etwas auszuprobieren, charakteristischerweise extrem eingeengt, wenn man es mit dem vergleicht, was das Unbewußte auszuprobieren bereit ist."[194]

Laborde[195] sagt, das Unbewußte halte zu jeder Zeit alle fünf Wahrnehmungstüren offen, sei nicht an sequentielle Prozesse gebunden und scheine mehr als das Bewußtsein zu wissen. Es sei das Unbewußte, das Metaphern schätze, Freude an ihnen finde und aus ihnen lerne. Für O'Connor und Seymour[196] ist die Schaffung einer Metapher wie das Komponieren eines Musikstückes. Und Musik sei auf eine andere Weise bedeutungsvoll als Sprache, sie gehe direkt in das Unbewußte; die linke Gehirnhälfte habe keinen Zugriff darauf.[197] Und das sei auch der Effekt der Metapher. Der rote Faden der Metapher vertreibe dem linken Gehirn die Zeit, und die Botschaft gelange direkt in das Unbewußte.[198]

„Metaphern wirken auf subtile Weise. Eine wohlgestaltete, komplexe Metapher ist eine Botschaft, die das Unbewußte in seiner größten Eleganz und Schönheit anspricht. Eine Metapher ist die höfliche Art, jemand anderen einzuladen, sich an der Kombination von Zielen zu beteiligen. Und ein wenig Humor erhöht die Wirkung einer Metapher."[199]

Das Unbewußte ist nach Laborde[200] geschickt im Herausfinden der Bedeutung. Folglich werde der Zuhörer die Absicht vermutlich verstehen, zumindest unbewußt. Im günstigsten Falle identifiziere sich der Patient auf einer unbewußten Ebene und in der geplanten Weise mit dem Geschehen in der Metapher, so Stahl[201], und verhalte sich im Sinne dieser Identifikation anders und komme dann zu wichtigen Einsichten in bezug auf das überwundene Problemverhalten – und vor allem, er produziere andere Metaphern, zum Beispiel andere Träume, da ihm die neuen Verhaltensmöglichkeiten andere Aspekte der Welt eröffnen. Und Stahl[202] betont für den Prozeß der Veränderung selbst, daß es irrelevant sei, ob es dem Patienten überhaupt oder, wenn ja, wann es ihm im nachhinein klar werde, wie es dazu gekommen sei, daß er sich verändert habe, und aufgrund welcher zwingenden Betrachtungsweise und folgerichtigen Deduktion sich seine überwundenen Schwierigkeiten aus der Struktur seiner Lebensgeschichte herleiten lasse. Watzlawick bringe diese grundlegende und für die Kommunikationstherapie ebenso geltende Prämisse des Ericksonschen Ansatzes auf den kurzen Nenner: „Action precedes understanding" („die Handlung geht dem Verstehen voraus").

Ähnlich wie Laborde argumentiert Rückerl[203] und empfiehlt, Metaphern im Coaching[204] einzusetzen, denn die Metapher biete einen Stimulus für das Unbewußte, um in einer neuen Weise über etwas nachzudenken. Sie versetze die aktuelle Problematik in einen anderen Kontext, den der Betroffene besser und mit mehr Distanz überschauen könne, da er darin weniger involviert sei. Werde eine Geschichte erzählt, in der jemand anderes, vielleicht eine Märchenfigur oder ein Fabelwesen, ein ähnliches Problem erfolgreich bewältige, erhalte das Unbewußte eine Idee, wie sein eigenes Problem gelöst werden könne. Dabei sei es wichtig, daß die Metapher die Struktur der problematischen Situation isomorph abbilde, und das bedeute, daß die interpersonellen Beziehungen und die Bewältigungsmuster im metaphorischen Kontext wiedererkennbar sein müssen. Seien die Metapher und das reale Problem strukturell ähnlich, werde der Mensch sie bewußt oder unbewußt miteinander in Beziehung setzen. Werde in der Metapher eine Lösung des Problems angeboten, könne der Mensch das Prinzip der Problemlösung auf seine eigene Situation übertragen.

Die angesprochenen Effekte werden sich grundsätzlich immer dann besonders elegant und sanft erreichen lassen, wenn es gelingt, das Bewußtsein mit Hilfe einer Metapher zu überladen. Immer, so Grinder und Bandler[205], wenn die bewußte Wahrnehmung einer Person überladen werde, gelangen die Informationen direkt ins Unbewußte, und der Betreffende werde entsprechend reagieren. Am leichtesten überlade man die Aufmerksamkeit von jemandem, wenn er sich auf ein komplexes inneres Erleben konzentrieren müsse. Dann werde der Klient bald aufgeben und letztlich signalisieren: „O.K., sagen Sie mir, was Sie von mir wollen, ich tue alles."[206] Und das, was hier von Grinder und Bandler für die hypnotische Induktion ins Feld geführt wird, ist eben auch das, was jede mit Sorgfalt konstruierte oder gewählte Metapher funktional durch den einfachen oder mehrfachen Wechsel der Bedeutungsebenen bewirkt, nämlich eine elegante und sanfte Überladung des Bewußtseins. Seit Miller[207] die „magical number seven, plus or minus two" nachgewiesen hat, wissen wir, daß das Bewußtsein nur eine gewisse Menge von

Informationen zeitgleich prozessieren kann und daß es mit jeder Informationseinheit, die dieses Maß übersteigt, zusehends unfähiger wird, unbewußte Prozesse zu beeinflussen, mit der Folge, daß die Informationen ungefiltert in das Unbewußte gelangen können und dort direkt und unmittelbar spontan und ökologisch verarbeitet werden.

Vielleicht erinnert Sie das alles ein wenig an Zauberei, weil auch ein Zauberer so verfährt, daß er unsere Aufmerksamkeit hierher lenkt, während das Entscheidende dort geschieht.[208] Ungeachtet dessen eröffne ich Ihnen jetzt die Möglichkeit, sich die Aussagen einiger wichtiger NLP-Autoren zum Effekt der Metaphern anzuschauen, die exemplarisch sind für das, was die NLP-Fachliteratur zur Beantwortung dieser Frage beinhaltet.

3.2 Mögliche Effekte der Metaphern

Es könnte (vielleicht) interessant für Sie sein, die folgenden Aussagen zu spezifischen Effekten der Metaphern (bewußt) mit Ihren Erfahrungen zu vergleichen und auf diese zu beziehen, um andere, vielleicht sogar nützlichere Metaphern zu generieren.

a) Richard Bandler[209]

„Ich erinnere mich, daß ich am Anfang meiner Karriere als Modellierer im Bereich der Psychotherapie sehr erstaunt war über die vielen »Profis«, die zu mir kamen, um die Kommunikationsmuster zu erlernen, die wir zuvor bei den Meistern dieses Gebietes herausdestilliert hatten ... »Profis«, die ihre Zeit damit verbrachten, über die Effektivität und Nützlichkeit von Techniken zu reden, die sie selbst noch nicht ausprobiert hatten. Am Anfang argumentierte ich dagegen und fand es sinnlos, deshalb verlangte ich von da an von ihnen, die Muster auszuprobieren, bevor darüber geredet wurde. Das führte natürlich zu weiteren Diskussionen. Schließlich kam ich zu der Überzeugung, daß die Nutzlosigkeit meiner Bemühungen auf meinem eigenen Verhalten beruhte, und ich fing an, ihnen Geschichten von einem Professor zu erzählen, den ich im College hatte, von Melvin Stewart, einem Biologen par excellence.

Melvins Hauptinteresse in der Biologie galt während meiner Collegezeit der Erforschung von Wüstenlandschaften. Er pflegte kleine Gruppen von jungen, wißbegierigen Biologen zu einem intensiven Studium mit in die Wüste zu nehmen. Die meiste Zeit waren diese Ausflüge ereignislos, wenn sie auch einem pädagogischen Bedürfnis entsprachen. Eines Sommers jedoch hatte der Landrover eine Panne, meilenweit von jeder Zivilisation entfernt. Melvin und seine junge Mannschaft mußten zu Fuß losgehen, um den Weg zurückzufinden und Hilfe zu holen. Sie nahmen nur das für das Überleben Notwendige mit – Nahrung, Wasser und Landkarten. Den Karten nach hätten sie drei Tage wandern müssen, um den nächstgelegenen Außenposten der Zivilisation zu erreichen. Und so zogen sie los. Marschieren, Pause, wieder marschieren – so durchzog diese ernste und entschlossene Gruppe die heiße Wildnis. Am Morgen des dritten Tages erreichte die müde und erschöpfte Gruppe den Gipfel einer riesigen Sanddüne. Durstig und von der Sonne verbrannt, suchten sie das umliegende Gelände ab. Weit entfernt zu ihrer Rechten war etwas, das wie ein See aussah, umgeben von kleinen Bäumen. Die Studenten sprangen in die Luft und schrien vor Freude, nur Melvin nicht. Er wußte, daß es nur eine Fata Morgana war. Er war schon einmal hier gewesen, sagte er zu sich selbst. Er eröffnete ihnen (wie es jeder Professor getan hätte) die schlechten Nachrichten als Tatsachen, die akzeptiert werden mußten. Seine Studenten jedoch rebellierten und bestanden darauf, daß sie wüßten, was sie sähen. Die Auseinandersetzung dauerte an, bis Melvin total erschöpft war. Zuletzt willigte er ein, die Studenten zur Fata Morgana gehen zu lassen, nachdem sie ihm hatten versprechen müssen, sich dort nicht von der Stelle zu rühren und zu warten, bis er mit Hilfe zurückkäme, wenn es wirklich eine Fata Morgana sei. Jeder Student schwor, zu warten und nicht weiterzugehen. Melvin ging seinen Weg ... und die Studenten den ihren. Drei Stunden später kamen die Studenten an einem luxuriösen neuen Wüstenkurort mit vier Schwimmbädern und sechs Restaurants an. Zwei Stunden später fuhren sie mit Polizisten in einem Landrover hinaus, um Melvin zu suchen, der nicht mehr gefunden wurde. Ich erhielt ein »Mangelhaft« in Biologie. Danach war ich nicht mehr genötigt, in einem

Fortbildungsseminar die Vorteile des Ausprobierens vor dem Reden zu begründen."

b) John Grinder und Richard Bandler[210]

„Zum Erstgespräch brachte er eine Menge Röntgenaufnahmen und Arztberichte mit, die »bewiesen«, daß er nicht in der Lage sei, normal zu gehen. Er kam mit einem Gehapparat hereingestakst, setzte sich und präsentierte David seine ganzen Berichte. David machte ein paar nebensächliche Dinge und schickte ihn wieder weg.

Als der Klient das nächste Mal hereinkam, erinnerte sich David an etwas, dessen erfolgreiche Anwendung er bei mir gesehen hatte, und probierte es aus: Er erzählte diesem Mann die Geschichte von der Plastizität des menschlichen Gehirns. ... Plastizität heißt in diesem Fall, daß die eine Gehirnhälfte die Funktionen der anderen übernehmen kann. Es ist erwiesen, daß das wirklich funktioniert. ...

David versetzte diesen Mann in Trance und erklärte ihm, wie man neue Wege und Pfade entstehen lassen und wie man verschiedene Wege benutzen kann, um eine Funktion, die durch Verletzungen blockiert worden ist, wieder herzustellen. Er erzählte von Studien, die erwiesen hatten, daß 90 Prozent des menschlichen Gehirns ungenutzt bleiben. Soweit ich weiß, ist das komplett erfunden, aber er hat es gut gemacht; und weil ein wissenschaftlicher Anstrich die Lügen glaubhaft erscheinen läßt, verwies David auch noch auf verschiedene Zeitschriftenaufsätze, während dieser Mann vor ihm in Trance saß. ...

Ich weiß nicht, ob der Mann wirklich neue Nervenbahnen bekam oder nicht. Aber am Ende der Sitzung stand er auf und ging ganz normal hinaus."

c) Robert Dilts

Beispiel I
„Ich finde therapeutische Metaphern oft nützlich, wenn ich auf eine Integration hinarbeite. Wenn Sie auf eine Sackgasse treffen, wo das

Bewußtsein eine Sache macht und das Unbewußte eine andere, ist es nützlich, eine Metapher zu erzählen, besonders wenn die Person sagt: »Es ergibt einfach keinen Sinn.« Ich habe ein Zitat von Albert Einstein an meiner Wand, das so lautet: »Alles sollte so einfach wie möglich gemacht werden, aber nicht einfacher.« Ich sage das oft zu Leuten, die feststecken, und weise daraufhin, daß sie möglicherweise auf einen Widerstand treffen, wenn sie versuchen, etwas schneller oder einfacher zu machen, als es möglich ist. Eine der schönen Seiten bei Metaphern ist, daß sie von beiden Hirnhälften verarbeitet werden, so daß sie Gedankenlücken gut überbrücken. Auch wenn die Metapher nichts anderes tut, als das, was Sie schon vorher gesagt haben, in einer Analogie zu wiederholen, sie kann auf einer anderen Ebene verstanden werden.«[211]

Beispiel II
„Ich benutze Metaphern und Organsprache vorwiegend als diagnostisches Werkzeug. Um ein Beispiel dafür zu geben: Ich habe vor einigen Jahren mit einem Mann gearbeitet, der ein sehr interessantes Symptom hatte. Sein Blut ... floß nur noch sehr langsam durch seinen Körper. Er erwähnte, daß er aufgrund seiner Krankheit seit einigen Jahren »aus der Bahn«, »aus dem Verkehr« oder »aus dem Kreislauf« (»out of circulation«) war, und ich antwortete: »Also, Blut ist dicker als Wasser.« Er hatte plötzlich die Einsicht, daß sein Symptom zwei Jahre zuvor angefangen hatte, als er die Nachricht bekam, daß seine Tochter an einen Hirntumor sterben würde. Er war nie in der Lage gewesen, dieses schmerzhafte Erlebnis loszulassen, und hatte sich selbst »aus der Bahn« gebracht. Ich glaube nicht, daß eine Metapher notwendigerweise eine Krankheit verursacht; es kann sein, daß die Krankheit statt dessen in der Metapher reflektiert wird. In beiden Fällen kann die Metapher Ihnen sehr wichtige Information liefern, wenn Sie mit jemand arbeiten.“[212]

d) Genie Z. Laborde[213]

„Eine Geschäftsstelle hatte einen bestimmten Ablauf im Ausland schon einige Jahre lang abgewickelt, aber aufgrund einer gewissen Krise sprang eine andere Abteilung zur Unterstützung mit ein. Die erste Abteilung merkte, daß ihre Zuständigkeit und ihre Befähigung, die Krise zu meistern, in Frage gestellt wurde, und fing an, die Bemühungen der Neuankömmlinge zu kritisieren. Die Neuankömmlinge kritisierten ihrerseits die anderen, und so eskalierte der Konflikt. Dann berichtete ein kluger Geschichtenerzähler den Direktoren der beiden Geschäftsstellen von folgender Geschichte.

Ein brauner Hase lernte, wie man mit einem Gewehr schießt, und wollte auf die Jagd gehen. Er sah sich einen Elefanten an und entschied, daß Elefanten zu groß wären. Er sah sich einen Jaguar an und entschied, daß Jaguare zu schnell wären. Er entschloß sich, sein Gewehr an braunen Hasen auszuprobieren. Er tötete ziemlich viele braune Hasen. Dann wurde die Jagdsaison offiziell eröffnet. Es waren nicht mehr allzu viele braune Hasen übriggeblieben, und einer der ersten braunen Hasen, der von einem menschlichen Hasenjäger gefangen wurde, war unser gewehrtragender Freund. Als der Jäger ihn zusammenschnürte und zum Kochtopf trug, jammerte der Hase: »Das ist nicht fair. Warum immer ich?«

Nachdem sie diese Geschichte gehört hatten, fingen die zwei Gruppen an zusammenzuarbeiten."

Meine persönlichen Erfahrungen mit der Metaphermethode haben sowohl im Rahmen der Psychotherapie mit einzelnen als auch bei der Arbeit mit Gruppen bestätigt, was oben im einzelnen und in den vorangegangenen Kapiteln allgemein ausgeführt wurde. So habe ich etwa bei der methodischen Nutzung von Metaphern in Ausbildungsgruppen festgestellt, daß den Teilnehmern, nachdem sie mit Nested Loops zunächst verdeckt durch den Lernprozeß geführt wurden, die offen demonstrierten Lerngegenstände „irgendwie" vertraut vorkamen, gleichsam so, als würden sie deren Anwendung „irgendwie" beherrschen. Interessant war in diesem Zusammenhang auch das Ergebnis eines von mir wiederholt durchgeführten Experiments, bei dem in einer Ausbildungsgruppe einmal das Six-Step-Reframing mit Hilfe von Nested Loops und anschließender offenen Demonstration vermittelt wurde und in einer anderen Gruppe durch sofortige offene Demonstration. Das für alle Beobachter (Co-Trainer) des Experiments wahrnehmbare Ergebnis war, daß die Teilnehmer der Ausbildungsgruppe im ersten Falle außerordentlich motiviert und neugierig auf die Präsentation waren, was sich wohl durch den energetischen Spannungsaufbau erklärt, den Nested Loops stets erzeugen, und daß ihnen die Aneignung der demonstrativ vermittelten und in Kleingruppen erprobten Techniken scheinbar mühelos gelang, was sich durch die bereits zuvor unbewußt vollzogene erfahrungsorientierte Aneignung des Vermittelten erklären wird, und daß im Kontrast dazu beim Verzicht auf diesen methodisch wirksamen Einstieg, scheinbar zielgerichtet nahezu gegenteilige Effekte methodisch generiert wurden.

Richard Bandler[214] bezeichnet das Arbeiten mit Metaphern als eine Möglichkeit, unsere Fähigkeit zu vergrößern, die wir zur Beeinflussung von Vorstellungen und zur Verhaltensänderung haben. Wenn man sich für oder gegen diese Methode entscheidet, kann man diese Entscheidung, wie Richard Bandler sagt, mit einer Wegkreuzung vergleichen, an der immer ein Punkt sei, von dem man in neue Richtungen ziehe, und dabei sei es immer möglich, daß das verlockende Ziel nur eine Fata Morgana sei, die auf den Schwingen der Zeit treibe..., aber könne es sich irgend jemand leisten, die Gelegenheit verstreichen zu lassen?

3.3 Zusammenfassung

Der dritte Abschnitt der Untersuchung dokumentiert Aussagen von ausgewählten NLP-Autoren zu den Effekten der Metaphern.

Dabei wurde oftmals hervorgehoben, daß die Möglichkeiten der Metaphermethode prozessual dann genutzt werden, wenn dem Klienten Lösungen angeboten werden sollen, die sein Bewußtsein so vermutlich noch nicht akzeptieren wird. Der Grund ist, daß die Metaphermethode es ermöglicht, das Bewußtsein abzulenken und direkt mit dem Unbewußten zu kommunizieren. Und es macht eben einen Unterschied, ob versucht wird, dem Bewußtsein oder dem Unbewußten zu vermitteln, daß es etwas tun soll, da das Unbewußte experimentierfreudiger ist als das träge Bewußtsein und genau weiß, wie und wann etwas erforderlich ist.

Begünstigt wird das Arbeiten mit der Metaphermethode dadurch, daß das Unbewußte zu jeder Zeit alle fünf Wahrnehmungstüren geöffnet hält, nicht an sequentielle Prozesse gebunden ist, mehr weiß als das

Bewußtsein, Metaphern schätzt und aus ihnen lernt. Der rote Faden der Metapher vertreibt der linken Hirnhälfte die Zeit, und die Botschaft der Metapher gelangt direkt in das Unbewußte, und ein wenig Humor erhöht ihre Wirkung. Dabei scheint es unbedeutend, ob dem Klienten bewußt wird, wie es dazu kam, daß er sich verändert – da davon ausgegangen wird, daß die Handlung dem Verstehen vorausgeht, wie eine kleine Sufi-Geschichte lehrt:

„Es gibt eine Legende, die von der Suche eines jungen Mannes nach Wissen durch Erfahrung berichtet. Er folgte jedem und praktizierte alles, was ihm in den Sinn kam, um das zu finden, was es für den Menschen jenseits der Dimensionen des gewöhnlichen Lebens geben könnte.

Schließlich gelangte er zu der Höhle eines sehr alten Weisen, der mit einer Kristallkugel vor sich dasaß. Der junge Mann setzte sich vor dem Weisen nieder und starrte in die glänzende Oberfläche.

Er sah alle möglichen Dinge, von denen er noch nie gehört, und Dinge, die er sich noch nie vorgestellt hatte. Dann sagte er zu dem Meister:

»Es reicht nicht, ein Zuschauer zu sein, auch nicht bei diesen Wundern. Ich muß es irgendwie schaffen, sie zu durchleben.«

Der Weise forderte ihn auf, in die Kristallkugel einzutreten. Kaum versuchte der junge Mann das, merkte er, daß er tatsächlich in die Szenen hineingehen konnte, deren Zeuge er gewesen war.

Zuletzt trat er wieder aus dem Kristall heraus. Wortlos reicht ihm der Weise einen Hammer, und der junge Mann schlug die Kugel in Stücke und ging wieder weg."

So konnte auch gezeigt werden, daß die Metaphermethode von den Neuro-Linguistischen Programmierern in den unterschiedlichsten beruflichen Feldern genutzt wird, in denen die Fähigkeit zur effektiven Kommunikation gefragt ist, da die Metapher dem Unbewußten und damit dem Menschen die Möglichkeit eröffnet, in einer neuen und anderen Art und Weise über etwas nachzudenken. Eröffnet die Metapher einem Klienten etwa die Möglichkeit, jemand anders zu betrachten, der ein ähnliches Problem erfolgreich bewältigt, wird sein Unbewußtes Ideen generieren, wie es das aktuelle Problem lösen kann. Das setzt allerdings voraus, daß die Metapher isomorph ist zur aktuellen Situation des Klienten. Dann wird das Unbewußte die Beziehung herstellen und die angebotene Lösung überprüfen für das eigene Problem.

Um direkt mit dem Unbewußten kommunizieren zu können, sollte das Bewußtsein mit Hilfe der Metapher überladen werden. Das kann strategisch erreicht werden, wenn dem Adressaten der Metapher ein komplexes Geschehen präsentiert wird oder die Bedeutungsebenen innerhalb der präsentierten Geschichte oftmals gewechselt werden. Die Erklärung ist: das Bewußtsein kann nur eine gewisse Menge von Informationen zeitgleich prozessieren, und jede Informationseinheit, die dieses Maß übersteigt, macht es zusehends unfähiger, unbewußte Prozesse zu beeinflussen, mit der Folge, daß die Informationen direkt und ungefiltert in das Unbewußte gelangen können und dort ökologisch verarbeitet werden. Was bei der Anwendung der Metaphermethode geschieht, erscheint wie Zauberei, da ein Zauberer ganz ähnlich verfährt wie der Neuro-Linguistische Programmierer: Er lenkt unsere Aufmerksamkeit hierher, während das Entscheidende an anderer Stelle geschieht.

Ergänzend zu den erörterten prozessualen Effekten der Metaphermethode erfolgte die Darstellung konkreter Effekte dieser Methode anhand der Berichte ausgewählter NLP-Anwender, und zwar von Richard Bandler, John Grinder, Robert Dilts und Genie Z. Laborde, die Beispiele dafür präsentieren, was mit der Metaphermethode erreicht werden kann, wenn man sie beim Arbeiten mit Gruppen und/oder einzelnen im Bereich von Gesundheit und Psychotherapie sowie in der Wirtschaft nutzt.

Das Ergebnis ist also, daß die Metaphermethode in vielen Feldern berufspraktisch Wirksamkeit entfalten kann, wenn es gelingt, direkt mit dem Unbewußten zu kommunizieren. Und es sei zudem empfohlen, die Metaphermethode experimentell mit der Globalmethode zu kombinieren, um ihre Wirksamkeit zu erhöhen.

Metapher 4
Schlangentanz

„Eine der Errungenschaften, für die die Hopi-Indianer berühmt sind,
ist eine Zeremonie, in der mehrere Mitglieder des Stammes tanzen und
dabei lebendige Klapperschlangen mit ihrem Mund halten.
Wie stellt man es nur an, einen solchen Tanz zu üben?

Man könnte anfangen, indem man die Gesänge und ihre Musik lernt,
dann die Tanzschritte. Man könnte diese Schritte mit einem Stock im Mund
üben. Es könnte auch empfehlenswert sein zu lernen, wie man Klapperschlangen richtig anspricht. Endlos lange könnte man
all diese Übungen durchführen.
Zu irgendeinem Zeitpunkt aber mußt du eine lebendige
Klapperschlange aufheben, sie in den Mund nehmen – und tanzen."

David Gordon & Maribeth Meyers-Anderson[215]

4 Metaphern als Gegenstand der NLP-Ausbildung

Manche Dinge, manche der Fähigkeiten, die Sie sich wünschen, über die verfügen Sie bereits, aber es ist Ihnen (noch) nicht bewußt – manche Fähigkeiten, über die Sie bereits verfügen, möchten Sie verfeinern und weiterentwickeln – und Sie suchen den Schlüssel zu der Tür, hinter der diese reichhaltigen Schätze und Möglichkeiten verborgen liegen; ein Training mit einem NLP-Moderator kann auf diesem Weg sehr nützlich sein, weil es Sie unterstützen wird, Ihre Sinne zu schärfen, und Sie werden flexibler und erreichen schließlich, was Sie möchten.

4.1 Was der Trainer voraussetzt

Das Erlernen der Hypnose verlaufe etwas ungewöhnlich, sagen Grinder und Bandler[216], denn im Gegensatz zu den meisten Methoden, die ein Teilnehmer ihrer Seminare lerne, wisse er hier eigentlich schon, wie sie gehe. Das Problem sei, daß er es nun bewußt tun solle. Vielleicht überlegen Sie jetzt, ob das nicht grundsätzlich für alle NLP-Techniken gilt, weil Sie einmal gehört oder erfahren haben, daß das NLP grundsätzlich nur das nutzt und wohl auch darum ein ebenso erfolgreiches Konzept ist wie die Psychotherapie Milton H. Ericksons[217], was Menschen natürlicherweise sowieso tun. Und Ihnen wird vielleicht bekannt sein, daß das auch für das Modelling[218] gilt – denn findet der Adressat keine innere Entsprechung (Ressourcen) für das zu Modellierende, realisiert es sich nicht. Welche Antwort Sie auch finden mögen, ich stimme Ihnen zu, und es wird unstrittig sein, daß das für das Erlernen der hypnotischen Sprachmuster Behauptete gleichsinnig für das Erlernen der Metaphermethode gilt. Auch dort kennen und nutzen die Teilnehmer diese Methode bereits, weil unsere Sprache zutiefst metaphorisch ist, wie Von Glasersfeld[219] aufzeigt:

„Was in der Kommunikation, z.b. in der sprachlichen Kommunikation, geschieht, ist, daß ich hier einen Lärm mache, ich bringe gewisse Laute hervor, das sind Laute, die Sie im Laufe Ihres eigenen Erlebens subjektiv, vollkommen subjektiv, mit gewissen Erlebnissen, Erlebnissituationen assoziiert haben. Und diese Laute, die Sie Wörter nennen, die Sie von mir bekommen, die interpretieren Sie aufgrund Ihrer eigenen Erfahrung und nicht aufgrund der Erfahrungen, mit denen ich diese Wörter assoziiere. Das wäre ja völlig unmöglich. Sie sehen, wie die Bilder vom Nürnberger Trichter, wo man die Weisheit so in den Kopf hineinschüttet, völlig irreführend sind. Und dennoch ist das eine Illusion, die dauernd weiterlebt. Wenn man etwas sagt, und der andere versteht es nicht, sagt man es lauter. Sie finden das bei Lehrern, und das rührt nur daher, daß man glaubt, ja die Wörter, die transportieren das zu dem anderen. Das ist so, als lese man ein Buch und versuchte unter der Druckerschwärze zu kratzen, weil da irgendwo die Bedeutung liegen muß. Das ist ein Unsinn, das ist klar. Die Kybernetik war die erste Wissenschaft, die das wirklich gezeigt hat. Aufgrund von mathematischen Formeln usw. geht das sehr schön daraus hervor. Das, was von einem zum anderen sich bewegt, ist immer nur eine physikalische Änderung, das kann ein Luftstoß oder eine Schwingung im Raum, ein Lichtstrahl, das kann ein Spagat sein. Als ich ein kleiner Bub war, habe ich mit einem Nachbarn ein Telefon konstruiert, das war ein Spagat mit zwei Konservenbüchsen und einem Stein darin, das haben viele Leute gemacht, das ist ein Kommunikationsinstrument. Aber wenn der Stein da einmal aufschlägt, die Bedeutung muß der andere schon wissen, die kann er unmöglich aus diesem Laut herauslesen.“

Folgen wir von Glasersfeld, dann können Menschen gar nicht anders als metaphorisch kommunizieren. Kurzum: Wer sich die Metaphermethode aneignen möchte, erlernt etwas, was er unbewußt als Fähigkeit schon zur Verfügung und in sein Verhalten integriert hat – wenn es also um eine Fortbildung auf diesem Feld geht, dann kann es immer nur noch darum gehen, das bereits Vorfindliche zu verfeinern mit dem hoffentlich einlösbaren Versprechen, daß sie anschließend diese Methode systematischer und flexibler nutzen können als zuvor.

Der Weg zu diesem Ziel folgt dem natürlichen Prozeß des menschlichen Lernens, den O'Connor und Seymour[220] in einem stark vereinfachenden linearen vierstufigen Lernkonzept systematisiert und abgebildet haben, das in der NLP-Ausbildung (idealtypisch) aufsteigend in der angegebenen Reihenfolge durchschritten werden soll, wobei die unbewußte Inkompetenz als Eingangskompetenz (Istgröße) gilt und die unbewußte Kompetenz als Ausgangskompetenz (Sollgröße):

1. Unbewußte Inkompetenz (die Teilnehmer kennen die Lerngegenstände nicht),
2. bewußte Inkompetenz (sie kennen die Lerngegenstände, können sie aber noch nicht anwenden),
3. bewußte Kompetenz (sie können die Lerngegenstände bewußt anwenden),
4. unbewußte Kompetenz (sie haben die Lerngegenstände in ihr Verhalten integriert).

Das Lernen nach diesem Konzept kann und soll dann wohl auch das einlösen, was von Bandler und Grinder[221] für die NLP-Ausbildung gefordert wird: Die Teilnehmer integrieren die Philosophie des NLP und die NLP-Techniken in ihr Verhalten und arbeiten damit so kongruent und selbstverständlich, wie sie andere Dinge in ihrem Leben tun, beispielsweise Schwimmen oder Radfahren. Das alles als Weg und Ziel unterstellt, ermöglicht nun endlich, die Aufmerksamkeit auf die kleinen oder großen Schritte zu lenken, die über diesen Weg zu Ihrem Ziel führen.

Diesen Weg gehen Sie wahrscheinlich nicht alleine, sondern lassen sich sinnvollerweise von einem kompetenten NLP-Trainer begleiten, der sich erstens bewußt ist, daß Sie Metaphern unbewußt und/oder bewußt wahrnehmen können und bereits in ihr kommunikatives Verhalten inkorporiert haben, weil, wie bereits deutlich geworden ist, Sprache stets metaphorisch ist und Menschen gar nicht anders können, als metaphorisch zu kommunizieren, und der sich zweitens bewußt ist, daß Sie durch die Aneignung seiner didaktischen Strategie, gleichsam als erste Prägung (Modelling), der NLP-Grammatik, wie etwa Pacing und Leading, und der (zumeist explizit hypnotischen und/oder metaphorischen) NLP-Techniken Ihr kommunikatives Verhalten im Zuge der Ausbildung bereits verfeinert haben – mit anderen Worten, daß Sie über die zu erwerbende Fähigkeit bereits verfügen, so daß es letztlich im wesentlichen nur noch, wie stets im NLP-Ausbildungskontext, um Verfeinerung dessen gehen wird, was Sie natürlicherweise bereits fortlaufend tun.

Weil dem NLP-Trainer diese notwendigen Voraussetzungen bewußt sein werden, wird er die Metaphermethode thematisch in das letzte Drittel der Ausbildung[222] einordnen, das heißt, erst dann präsentieren, wenn Sie sich die Methode gleichsam bereits angeeignet haben. Im Prozeß der Vermittlung selbst werden Ihnen dann die bereits verfügbaren und zu ergänzenden Grundlagen dieser Methode durch ausgewählte und geeignete Übungen vermittelt und/oder bewußt werden, so daß Sie sich die Methode hinreichend moderiert erfahrungsorientiert aneignen können. Dabei wird er unterstellen, daß Sie auch außerhalb der Ausbildung vertiefende Übungen absolvieren und Erfahrungen in Ihrem beruflichen Kontext erwerben, die retrograd im Kontext der Ausbildung präsentiert und nutzbar gemacht werden können.

Um ein Gefühl für diesen Lernprozeß zu bekommen, können Sie sich jetzt, wenn Sie das möchten, bestimmte Fähigkeiten bewußtmachen, bei denen die Koordination von Wahrnehmung und Motorik bedeutsam ist, die also für Verhalten bedeutsam sind, das zumeist unterhalb der Schwelle des Bewußtseins abläuft. Versuchen Sie sich einfache Beispiele bewußtzumachen, bspw. eine Tür mit einem Schlüssel zu öffnen, und komplexere, wie etwa Fahrradfahren... und versuchen Sie sich den genauen Weg noch einmal bewußtzumachen, bis Sie dieses Verhalten unterhalb der Schwelle des Bewußtseins ausüben konnten...!

Die angesprochenen Verhaltensmuster haben nach Gordon und Meyers-Anderson[223] den Vorteil, daß wir unsere Schritte nicht immer bewußt lenken müssen. Öffnen wir beispielsweise eine Tür oder binden wir ein Schuhband zu oder wählen wir Essen von einer Speisekarte, wäre es nicht sehr effektiv, jedesmal zu überlegen, wie wir die Tür öffnen, das Schuhband binden oder die Mahlzeit wählen. Und weil viele unserer Verhaltensweisen in Mustern ablaufen, sind wir frei, unser bewußtes

Erleben für andere Betrachtungen zu nutzen. Die Aneignung der angesprochenen Fertigkeiten, bei denen Wahrnehmung und Motorik zu koordinieren sind, erfolgt nach Grinder und Bandler[224] naturgemäß dadurch, wie Ihnen jetzt auch wieder bewußt geworden sein wird, daß man die Aufgabe in kleine Schritte zerlegt und jeden Schritt einzeln übt, bis man ihn beherrscht. Ist dann jeder einzelne Schritt soweit geübt, daß er ohne Nachdenken gleichsam automatisch gelingt, geht man zu anderen Teilen der Aufgabe über und übt sie ebenso, bis sie ebenfalls zu einer automatisch funktionierenden Koordination von Wahrnehmung und Motorik werden und man in keiner Weise mehr bewußt darauf achten muß.

Am einfachsten eignen Sie sich also die Metaphermethode an, wenn Sie zunächst nur einen kleinen Schritt machen auf dem Weg zu Ihrem großen Ziel, und erst wenn dieser gelungen ist, den folgenden und so weiter. Ihr persönliches Ziel (Sollgröße) haben Sie erreicht, wenn Sie mit Hilfe der Metaphermethode das verwirklichen können, was Sie erreichen möchten. Und schon darum sei an dieser Stelle empfohlen, behalten Sie im Rahmen der Ausbildung stets Ihr persönliches Ziel im Auge.

4.2 Erste Schritte zur Meisterschaft

Für den Weg zu Ihrem „persönlichen Ziel" werden von Andreas und Andreas[225] fünf Schritte empfohlen, an die ich mich anlehne, weil sie nach meiner subjektiv empirischen Forschung ermöglichen, das, was für die Nutzung der Metaphermethode bedeutsam ist, sich systematisch handwerklich anzueignen und, natürlich das rechte Maß an Übung vorausgesetzt, in das Verhalten zu integrieren.

Schritt 1: Ähnlichkeiten
Dabei handelt es sich um ein Vorgehen, das dem Power-Reframing ähnelt, das das Eis für das Thema brechen wird und Ihnen (zwei Personen) viel Spaß bereiten kann. Bei der Durchführung der Übung sollte das Tempo schnell und flüssig sein, um die notwendige Spontaneität zu ermöglichen.

1 A schaut hinauf zu einer Visualisierung, deutet in diese Richtung und sagt so etwas wie „Leben ist wie..."
Begonnen werden sollte mit etwas sehr Allgemeinem (großer Chunk), etwa Leben, Frauen, Heirat usw.

2 B schaut dann sofort hinauf zu seiner Visualisierung, deutet in diese Richtung und beendet den Satz für A, indem er etwas sehr Spezifisches nennt, bspw. eine Badewanne, eine Party oder ähnliches.

3 Dann fügt A sofort einen Satz hinzu, der auf die erste Ähnlichkeit hinweist, die ihm in den Sinn kommt, egal wie bizarr sie sein mag – bspw.: Zu guter Letzt gibt es nur schmutziges Wasser. Es ist am angenehmsten, wenn jemand dabei ist. Niemand will hinterher saubermachen – oder ähnliches.

Andreas und Andreas[226] sagen, daß immer dann, wenn zwei beliebige Dinge zufällig herausgegriffen werden, Ähnlichkeiten zu finden seien. Einige seien bizarrer und weiter hergeholt als andere, aber alles sei irgendwie wie alles andere. Indem man zwei Dinge vergleiche, könne man neue Wege des Nachdenkens über die beiden entdecken. In gewissem Sinne sei das Leben wirklich wie eine Badewanne, aber das werde nur offensichtlich, wenn man die beiden vergleiche und sich das eine als Landkarte oder Repräsentation des anderen vorstelle. Dies sei die Basis für Metaphern und für den Lernprozeß, den man durch Metaphern erzeugen könne.

Schritt 2: Nur Pacen
Bei diesem zweiten Schritt sollen Sie in einer Dreiergruppe besonders darauf achten, daß Sie nur pacen – nicht leaden.

1 A macht ein einfache Aussage, die für ihn eine gewisse Bedeutung hat: Problem, Glaube, Vorliebe, Abneigung, Erfolg, Mißerfolg usw.

2 B und C wählen jeweils für den anderen eine Inhaltsebene. Wenn B etwa Bogenschießen sagt, muß C Bogenschießen als allgemeine Inhaltsebene nutzen, innerhalb der eine spezifische Erfahrung zu erzeugen ist, um die Aussage von A zu pacen und umgekehrt. B denkt

an einen nahe verwandten Inhalt (oberflächliche Metapher), C an einen entfernt verwandten Inhalt (tiefgründige Metapher).

Beispiel 1

A sagt: NLP ist schwer zu lernen. Dann könnte B Grundschule sagen und C Insekten. C könnte dann sagen: Ich erinnere, wie es in der Grundschule für mich war, als ich die Buchstaben des Alphabets zum ersten Mal sah. Und B könnte sagen: Gestern habe ich eine Heuschrecke beobachtet, wie sie um sich schlug und kämpfte, um ihre alte Haut abzustreifen, die für sie viel zu klein geworden war.

Beispiel 2

A sagt: Ich fühle mich verloren, ich weiß nicht, welche Richtung mein Leben nimmt. B sagt Tanzen und C Ozean. C könnte dann sagen: Es ist wie Tanzen in der Dunkelheit. Und B könnte sagen: Die Gezeiten im Ozean gehen vor und zurück, als wüßten sie nicht, welchen Weg sie nehmen sollten.

3   A wiederholt seine Aussage, und C antwortet beiläufig mit der oberflächlichen Metapher. B achtet auf das nonverbale Feedback von A. (Verbindung von Aussage und Metapher durch die Wiederholung von A und das Angebot von C)

4   A wiederholt seine ursprüngliche Aussage noch einmal, und B antwortet beiläufig mit der tiefgründigen Metapher. C achtet auf das nonverbale Feedback von A. (Verbindung von Aussage und Metapher durch die Wiederholung von A und das Angebot von B)

5   B und C tauschen Feedback aus, erkennen welche Teile der Metaphern am wirksamsten waren und generieren Ideen über Verbesserungen der Metaphern und ihren Vortrag.

Bei diesem Schritt wird von Andreas und Andreas[227] empfohlen, spezifische Erfahrungen zu nutzen, und B und C sollen darauf achten, keine Schlüsselwörter oder Inhalte von A zu verwenden. Da der Schritt nur im Pacen bestehe, könne man als Feedback nur nonverbale Veränderungen des Erkennens oder der Übereinstimmung erwarten. Der häufigste Irrtum bei der Nutzung von Metaphern sei, daß man die Reaktionen, die man erhalte, nicht bemerke. Nachdem man die Reaktion bemerke, könne man entscheiden, ob es eine sei, die man wolle oder nicht. Wenn es eine sei, die man nicht wolle, sei das ein Zeichen, die Metapher sofort zu modifizieren oder eine andere zu erzählen.

Schritt 3: Pacen und Leaden

1. Ziel
A präsentiert kritischen Present State und Desired State.

2. Konkretisieren
B und C spezifizieren durch Nachfragen den Present State und den Desired State und kalibrieren einen oder mehrere nonverbale Verhaltensweisen jedes Zustandes, um diese Selbstanker von A später utilisieren zu können.

3. Vorbereitung
A verläßt die Gruppe; B und C wählen Inhaltsebenen für die oberflächliche Metapher (nahe verwandter Inhalt) und die tiefgründige Metapher (entfernt verwandter Inhalt), die den Present State pacen und zum Desired State führen werden, und entwickeln die Metaphern.

4. Ökologie-Check
B und C prüfen beide Metaphern sorgfältig auf Aspekte, die getilgt werden können, sowie auf kritische Möglichkeiten der Interpretation durch A – und korrigieren entsprechend.

5. Verknüpfung
A trägt erneut die Klage zu Ziff. 1 vor, B antwortet mit der oberflächlichen Metapher, verwendet dabei mindestens einen Selbstanker von A für den Present State und einen für den Desired State, hypnotische Sprachmuster etc.

B und C achten auf Effekte der Metapher, die (unbewußte) Übereinstimmung, Erkenntnis, neues Verständnis (oder auch Unstimmigkeit oder Mißverständnis) anzeigen.

A trägt erneut die Klage zu Ziff. 1 vor, und C antwortet mit der tiefgründigen Metapher ... (im übrigen wie Ziff. 5, Absatz eins und zwei).

6. Feedback

B und C tauschen sich darüber aus, welche Metapher (bzw. welche Teile der Metaphern) am effektivsten war, und auch darüber, was an dem Vortrag der jeweiligen Metapher gut (unterstützend) war bzw. verbessert werden könnte.

Im Rahmen dieses Schrittes verweisen Andreas und Andreas[228] darauf, daß eine Metapher nur wirksam sei, wenn sie aus einem unbewußten Verständnis resultiere, das angezeigt werde durch nonverbale Veränderungen. Ob jemand bewußt verstehe, sei nur relevant, wenn sich dadurch eine Einmischung des überaktiven bewußten Verstandes ergäbe. Bewußtes Verständnis könne jedoch beim Kalibrieren auf die begleitenden unbewußten nonverbalen Veränderungen nützlich sein, von denen man in der Lage sein müsse, sie zu bemerken und für Feedback zu verwenden.

Schritt 4: Unbewußter Zugang und Feedbackinstruktionen

1. Present State und/oder Desired State

A präsentiert Present State und/oder einen Desired State.

2. Konkretisieren

B und C sammeln kurz Informationen, um Present State und Desired State zu spezifizieren, und kalibrieren sich auf nonverbale Verhaltensweisen (Selbstanker) von A, die bei Präsentation der Metapher benutzt werden können.

3. Vorbereitung

A verläßt die Gruppe, während B und C eine oberflächliche und eine tiefgründige Metapher vorbereiten, um den Present State zu pacen und zum Desired State hinzuführen – als Ergänzung zur Verwendung von Ankern entwickeln sie einen (unspezifischen) unbewußten Zugang und mindestens drei einfache Instruktionen für unbewußtes Feedback.

4. Ökologie-Check
B und C suchen nach kritischen Passagen in ihren Metaphern und korrigieren entsprechend.

5. Vortrag
A schließt seine Augen, und B bietet die oberflächliche Metapher dar, indem er drei Instruktionen für nonverbales Feedback und unbewußten Zugang verwendet und Selbstanker des Klienten sowie mögliche unterstützende NLP-Muster nutzt – B und C achten auf die Reaktionen von A.

Dann bietet C die tiefgründige Metapher an, indem er drei Instruktionen für nonverbales Feedback und den unbewußten Zugang ebenso wie die Selbstanker des Klienten und mögliche unterstützende NLP-Muster nutzt – B und C achten auf die (nonverbalen) Reaktionen von A.

6. Feedback
B und C tauschen Informationen darüber aus, welche Teile effizient waren und welche weniger, und was anders gemacht werden könnte, um die Metapher selbst oder ihren Vortrag zu verbessern – und korrigieren entsprechend.

Andreas und Andreas[229] merken an, es sei nützlich, in die Metapher einen Zugang zu unbewußten kreativen Ressourcen einzubauen, die für den Aufbau des Desired State günstig seien. Das sei etwa dann angebracht, wenn man unsicher sei, welche Ressourcen der Klient nutzen könne, um vom Present State zum Desired State zu gelangen bzw. wenn der erwünschte Zustand unbekannt oder nicht ausreichend spezifiziert sei, so daß es an einer spezifischen Lösung fehle, sowie in den Fällen, in denen der Klient selbst eine Lösung finden solle.

Schritt 5: Utilisieren von NLP-Techniken

1. Present State und/oder Desired State
A präsentiert Present State und/oder Desired State.

2. Konkretisieren

B und C sammeln kurz Informationen, um den Present State und den Desired State zu spezifizieren, und kalibrieren sich auf begleitende nonverbale Verhaltensweisen von A.

3. Wahl der optimalen NLP-Technik

A verläßt die Gruppe; B und C entscheiden sich für eine NLP-Technik, die am besten geeignet scheint, A zu helfen, vom Present State zum Desired State zu gelangen.

Beispiele:

➤ Ressourcen induzieren und ankern (integrieren oder verknüpfen)
➤ Dissoziation oder Phobie-Technik
➤ New Behaviour Generator
➤ Kontextreframing oder Bedeutungsreframing
➤ Verhandlungsreframing, Six-Step-Reframing
➤ Swish

4. Vorbereitung

B und C bereiten oberflächliche und tiefgründige Metapher vor und inkorporieren das/die gewählte(n) NLP-Muster und nützliche Metapher-Elemente aus den vorherigen Schritten.

5. Ökologie-Check

6. Vortrag

B erzählt A die oberflächliche Metapher, B und C achten auf Feedback von A – und dann erzählt C die tiefgründige Metapher, und C und B achten auf das Feedback von A.

7. Feedback

B und C tauschen Informationen darüber aus, welche Teile der Metaphern mehr oder weniger effizient waren und wie diese oder der Vortrag verbessert werden könnten – und dann korrigieren sie entsprechend.

Bei diesem Schritt sagen Andreas und Andreas[230], man könne Metaphern als separates NLP-Muster sehen, man könne sie aber auch als Vehikel betrachten, um verdeckt jedes NLP-Muster zustande zu bringen, das man auch offen durchführen könne.

109

In dem Maße, wie der NLP-Trainer während der Ausbildung bereits ein Modell für diesen thematischen Schwerpunkt war, erscheinen die von Andreas und Andreas vorgeschlagenen fünf Schritte hinreichend für die Vermittlung der Metaphermethode, erwirbt man doch auf diesem Wege grundlegende Kenntnisse und Erfahrungen für die Nutzung dieser Methode innerhalb und außerhalb des NLP-Kontextes und zugleich auch die Grundlagen für die Nutzung der verschachtelten Metaphern (Nested Loops) und der sonstigen Variationen der Metaphermethode, auf die der NLP-Trainer ebenso hinweisen sollte wie darauf, daß niemand das Arbeiten mit Metaphern als einzigen Weg betrachten sollte, um seine Klienten zu unterstützen, ihre Ziele zu erreichen.

4.3 Zusammenfassung

Der vierte und letzte Abschnitt dieses Werkes präsentiert eine Skizze für die thematische und berufspraktische Vermittlung des Themas Metaphern im Rahmen der NLP-Ausbildung. Dabei wurde explizit darauf hingewiesen, daß es hier, wie auch sonst bei anderen NLP-Methoden und -Techniken, um Verfeinerung dessen geht, was Menschen natürlicherweise tun, um im Prozeß der Kommunikation ihre Ziele zu erreichen. Diese Voraussetzung scheint bei der Metaphermethode besonders deutlich durch, da, wie gezeigt wurde, Menschen gar nicht anders können, als metaphorisch zu kommunizieren. Wer sich die Metaphermethode aneignen möchte, verfügt also bereits über diese Fähigkeit und wird, den NLP-Ausbildungskontext vorausgesetzt, in seinem Trainer ein Modell für die Nutzung der Metaphermethode haben. Möchte sich also jemand die Metaphermethode aneignen, erlernt er etwas, was er unbewußt als Fähigkeit schon zur Verfügung und in sein Verhalten integriert hat. Und geht es um eine Fortbildung auf diesem Feld, ist das bereits Vorfindliche durch systematische Integration der Metaphermethode in das Verhalten zu verfeinern mit dem Versprechen, daß das Subjekt die Methode, die es bereits beherrscht, nach dem Lernprozeß systematischer und flexibler nutzen kann als zuvor.

Als ein möglicher Weg zu diesem Ziel wurde der natürliche Prozeß des menschlichen Lernens als vereinfachtes lineares vierstufiges Lernkonzept vorgestellt. Die Phasen dieses Prozesses sind die unbewußte Inkompetenz und die bewußte Inkompetenz sowie die bewußte Kompetenz und die unbewußte Kompetenz. Im Verlauf dieses Prozesses wird das Subjekt des Lernprozesses die der Metaphermethode zugrundeliegende Philosophie und die Methode selbst in sein Verhalten integrieren und nach Abschluß des Lernprozesses damit so kongruent und selbstverständlich arbeiten, wie es andere Dinge in seinem Leben tut. Das konnte beispielhaft veranschaulicht werden durch den Hinweis auf die Bedeutung und Aneignung von Verhaltensmustern für menschliches Lernen und Verhalten.

Bei der Metaphermethode selbst geht es primär um die effektive Gestaltung optionalen Verhaltens im Prozeß der Kommunikation. Dieses optionale Verhalten ist, unterschiedlich geprägt, tief in der Kulturgeschichte der Menschheit verwurzelt und von daher frei nach Gregory Bateson begrifflich schwer zu fassen.

T: Aber Papi, was bedeutet Metapher eigentlich?

V: Ich bemühe mich die ganze Zeit, dieser Frage auszuweichen. Weißt du, Metaphern wurden erfunden, bevor irgendwer irgendwas über Theorien und Wissenschaft wußte und bevor überhaupt der größte Teil der modernen Theorien erfunden wurde, bevor irgendwer irgendwas über Kommunikationstheorie wußte. Dadurch ist es doppelt schwierig, „Metapher" in moderne Termini und Vorstellungen zu übersetzen.

Möchte jemand seine Fähigkeit zur metaphorischen Kommunikation durch die Aneignung der Metaphermethode verfeinern, sollte er das nach dem Prinzip vom Einfachen zum Komplexen in mehreren Schritten tun, die formal gestaltet werden durch das Arbeiten mit: 1. Ähnlichkeiten, 2. nur Pacen, 3. Pacen und Leaden, 4. unbewußter Zugang und Feedbackinstruktionen sowie 5. Utilisieren von NLP-Techniken. Das rechte Maß an Übung, und zwar auch außerhalb des Ausbildungskontextes, vorausgesetzt, erscheinen diese Schritte hinreichend, um es grundsätzlich jedermann zu ermöglichen, das, was für die effektive Anwendung der Metaphermethode grundlegend und bedeutsam ist, sich anzueignen und in sein Verhalten zu integrieren.

Für die berufspraktische Nutzung erfolgte der Hinweis, daß der vorgeschlagene Weg didaktisch-methodisch hinreichend scheint für die Vermittlung der Metaphermethode, weil grundlegende Kenntnisse und Erfahrungen für die Nutzung dieser Methode innerhalb und außerhalb des NLP-Kontextes erworben werden können und damit die Grundlagen für die Nutzung der Nested Loops und anderer Variationen der Metaphermethode gelegt sind, auf die der NLP-Trainer ebenso hinweisen wird wie darauf, daß niemand das Arbeiten mit Metaphern als einzigen Weg betrachten sollte, um Klienten zu unterstützen, ihre Ziele zu erreichen und/oder selbst im Prozeß der Kommunikation subjektive, zuvor noch unerreichbar scheinende Visionen zu verwirklichen.

Epilog
Über die rechte Balance

E ine Geschichte ist eine Geschichte – und sie ist Geschichte, die manchmal auf die Gegenwart und unser aktuelles Erleben zeigt und ein anderes Mal über alles hinaus auf die Zukunft. Manchmal erinnert Sie uns an unsere eigene Geschichte, ein anderes Mal an andere Geschichten – und noch während ich dies schreibe, fällt mir eine Geschichte von Joseph O'Connor und John Seymour[231] ein, die durchaus geeignet scheint, ein Werk über Geschichten ausklingen zu lassen...

Vor einiger Zeit arbeitete ich mit einem Menschen, der seine Sorge darüber ausdrückte, daß ihm die Balance, das Gleichgewicht im Leben fehle.

Er fand es schwierig, die wichtigen Angelegenheiten der Gegenwart zu entscheiden, und machte sich Sorgen, daß er für einige Projekte eine Menge Energie aufwandte und andere vernachlässigte. Einige seiner Unternehmungen schienen ihm schlecht vorbereitet, andere übertrieben bis in alle Einzelheiten vorgeplant.

Dies erinnerte mich an die Zeit, als ich noch ein Junge war. Ich lernte Gitarre spielen, und manchmal wurde mir erlaubt, länger aufzubleiben und Gäste beim Essen mit meinem Spiel zu unterhalten. Mein Vater war ein Filmschauspieler, und viele bekannte Leute kamen und aßen und saßen häufig bis spät in die Nacht und diskutierten über alle möglichen Themen. Ich liebte diese Gelegenheiten und traf viele interessante Menschen.

Eines Abends war ein berühmter Künstler bei meinem Vater zu Gast, der sich mit seinen Fähigkeiten in Filmen und auf der Bühne einen

Namen gemacht hatte. Er war einer meiner besonderen Helden, und ich genoß es, ihm zuzuhören.

Spät an diesem Abend fragte ihn ein anderer Gast, was das Geheimnis seiner außergewöhnlichen Fähigkeiten sei.

„Also", sagte der Schauspieler, „lustigerweise habe ich viel gelernt, als ich jemandem in meiner Jugend genau dieselbe Frage stellte. Als Junge liebte ich den Zirkus – er war bunt, laut, extravagant und aufregend. Ich stellte mir vor, ich wäre dort in der Manege im Rampenlicht, und die Menge klatschte mir Beifall. Ich fühlte mich wunderbar.

Einer meiner Helden war ein Seiltänzer einer umherreisenden Zirkustruppe; er hatte außergewöhnlich gute Balance und Anmut auf dem Hochseil. In einem Sommer wurden wir Freunde, ich war fasziniert von seinen Künsten und der Aura von Gefahr, die ihn umgab; er benutzte selten ein Sicherheitsnetz.

Eines Abends im Spätsommer war ich traurig, denn der Zirkus sollte am nächsten Tag die Stadt verlassen. Ich suchte meinen Freund auf, und wir redeten bis in die Nacht. Das einzige, was ich damals wollte, war, so zu sein wie er; ich wollte mit einem Zirkus mitreisen.

Ich fragte ihn, was das Geheimnis seiner Kunst sei. „Zuallererst", sagte er, „sehe ich jeden Seiltanz als den wichtigsten meines Lebens an, den letzten, den ich machen werde, und ich will, daß er der beste wird. Ich plane jeden Auftritt sehr sorgfältig. Vieles in meinem Leben mache ich aus Gewohnheit, aber dies hat damit nichts zu tun. Ich achte darauf, was ich für Kleidung trage, was ich esse, wie ich ausschaue. Ich stelle mir mental jeden Gang über das Seil als Erfolg vor, bevor ich hinübergehe, stelle ich mir genau vor, was ich sehen werde, was ich hören und was ich fühlen werde. Auf diese Weise können mich keine unangenehmen Überraschungen treffen.

Ich versetze mich ebenfalls in die Lage der Zuschauer und stelle mir vor, was sie sehen, hören und fühlen werden. Alle Gedanken mache ich mir vorher, unten am Boden. Wenn ich oben auf dem Drahtseil stehe, habe ich einen klaren Kopf und äußerste Aufmerksamkeit."

Dies war nicht ganz das, was ich zu der Zeit damals hören wollte, obwohl ich merkwürdigerweise immer in Erinnerung behalten habe, was er sagte.

114

„Glaubst du etwa, ich verliere nicht auch mein Gleichgewicht?" fragte er mich.

„Ich habe nie gesehen, daß du je dein Gleichgewicht verloren hättest", antwortete ich.

„Da liegst du falsch", sagte er, „ich verliere ständig mein Gleichgewicht. Ich steuere es einfach innerhalb der Grenzen, die ich mir setze. Ich könnte nicht über das Seil gehen, wenn ich nicht ständig meine Balance verlieren würde, zuerst zur einen Seite, dann zur anderen. Balance ist nicht etwas, was man hat, wie die Clowns ihre falsche Nase haben, es ist ein Zustand von kontrollierter Hin- und Herbewegung. Wenn ich meinen Seiltanz beendet habe, schaue ich ihn mir innerlich noch einmal an, ob es irgend etwas gibt, aus dem ich lernen könnte. Dann vergesse ich ihn ganz."

„Ich wende dieselben Prinzipien auf mein Schauspiel an", sagte mein Held.

... aber vielleicht endet dieses Werk über Geschichten auch gar nicht mit dieser Geschichte. Vielleicht ist die Geschichte nur der Beginn einer weiteren Geschichte über Geschichten, die die Vergangenheit mit der Gegenwart und der Zukunft verbindet. Wer vermag uns das jetzt schon mit Gewißheit sagen... ?

Anhang

A-1 Experimentelle Metaphern
Ein Lehrbeispiel von
Milton H. Erickson

n den 30er Jahren wurde von Erickson als Annäherung an experimentelle Studien von Persönlichkeitsstörungen ein Fall von vorzeitigem Samenerguß (Ejaculatio praecox) ausgewählt und einer laboratorischen Prozedur* unterworfen, die Informationen über den zugrundeliegenden psychologischen Mechanismus bringen sollte, der auch als Abreaktion[232] bezeichnet wird.[233] Bei der Technik der Untersuchung ging Erickson von dem in Medizin und psychoanalytischer Praxis bekannten klinischem Faktum aus, daß das Aufdecken einer Krankheit oder eines Konfliktes oft in das Aufkommen eines neuen physiologischen Gleichgewichts oder die Umverteilung der Libido[234] einmündet und dem Subjekt die Lösung einer zweiten gleichzeitig und vielleicht vollkommen zusammenhanglosen Krankheit oder eines Konflikts erlaubt.

---

* Translated and reprinted with grant permission of „The British Psychological Society". Source: „Milton H. Erickson: A Study of an experimental neurosis hypnotically induced in a case of ejaculatio praecox. *British Journal of Medical Psychology* (1935) 15, pp 34-50".

Ziel und Subjekt des Experiments

Bei diesem Vorhaben ging es primär darum, eine systematische Technik zu finden, die Möglichkeiten für einen laboratorischen Nachweis eröffnet und geeignet war, die empirischen Nachweise der subjektiven und klinischen Erfahrung zu ergänzen, während die therapeutischen Aspekte[235] der Untersuchungen von Erickson ausdrücklich als zweitrangig bezeichnet wurden, jedenfalls bis ein besseres Verständnis dieser Prozesse erreicht würde.[236]

Mit dieser Zielsetzung entschied sich Erickson, im Rahmen eines Experiments einer Versuchsperson eine zweite Krankheit zu induzieren, eine Neurose, die so zu formulieren war, daß sie die erste Neurose symbolisieren oder paralysieren und ähnliches oder identisches Verhalten auslösen konnte. Dabei ging er von der Annahme aus, daß eine Ähnlichkeit oder Identität der Auswirkungen eine dynamische Beziehung zwischen den Neurosen hervorbringen wird durch Identifikation oder Adsorption des einen Konfliktes durch den anderen.[237] Und wenn der Patient den Konflikt der induzierten Neurose durchlebt, abreagiert und löst, so vermutete Erickson, wird eine Übertragung oder Generalisierung des abreagierten Konfliktes auf das ursprüngliche Problem stattfinden oder die Abreaktion und Lösung des induzierten Konfliktes eventuell eine neue Einstellung oder Organisation der Persönlichkeit hervorrufen. Es geht im vorliegenden Fall also um den Versuch, eine dynamische Beziehung zwischen zwei Neurosen herzustellen und damit eine Neueinstellung der Persönlichkeit zu erreichen.

Für das beabsichtigte Experiment wählte Erickson einen ledigen weißen Mann, der fünfundzwanzig Jahre alt war, im Fach Psychologie promoviert hatte, über gutes Wissen in klinischer Psychologie verfügte, von Erickson seit einem Jahr extensiv in experimenteller hypnotischer Arbeit behandelt worden war und durch diese Experimente gelernt hatte, künstliche Komplexe in seine Psyche aufzunehmen.[238] Bei den Komplexen handelte es sich um erfundene Geschichten emotionaler Natur, die dem Subjekt in einer tiefen hypnotischen Trance als wirkliche vergangene Erlebnisse erscheinen und nachhaltige Erinnerungen aufbauen.

Dieser Mann teilte Erickson nun mit, daß er unter Ejaculatio praecox leide. Da es für ihn immer schlimmer werde, habe er sich entschlossen, psychiatrische Hilfe in Anspruch zu nehmen, und bitte Erickson, ihm bei der Lösung des Problems zu helfen, das von ihm im wesentlichen, wie folgt, beschrieben wurde:

„Drei Jahre zuvor hatte er sich entschieden, Geschlechtsverkehr zu haben, und viele Versuche unternommen, aber immer mit einem starken Gefühl der Schuld, das er als ein Gefühl der Entweihung der Frauen betrachtete. Seit dem ersten Mal litt er unter frühzeitigem Samenerguß. Ein paar Mal war es ihm gelungen, eine zweite Erektion zu bekommen, die die Penetration erlaubte, aber es folgte dann immer ein übereilter Orgasmus und die Erschlaffung des Penis. Durch die wiederholten Mißerfolge war er zunehmend beunruhigt, und sein Problem war zunehmend akuter geworden. Ursprünglich hatte der offene Akt des beginnenden Geschlechtsverkehrs in einem Samenerguß geendet, aber zu dem Zeitpunkt, als er Hilfe suchte, konnte schon Küssen oder Umarmen und manchmal nur einfacher Kontakt mit einem attraktiven Mädchen eine Erektion hervorrufen und einen Orgasmus beschleunigen, der mit einem totalen Verlust der Potenz einherging. Selbst wenn er eine zweite Erektion zustande brachte, konnte er sie nicht zum Einsatz bringen, da er entweder einen weiteren vorzeitigen Samenerguß hatte oder einen übereilten Orgasmus während der Penetration. Er hatte ohne Erfolg zu Methoden wie prophylaktischer Masturbation gegriffen, um seine sexuelle Spannung zu reduzieren, und sich nur noch Mädchen ausgesucht, die sexuell nicht attraktiv für ihn waren. Seine emotionalen Reaktionen auf diese Erfahrungen waren akute Scham, Bitterkeit, Selbsthaß und Minderwertigkeit."[239]

Nach diesem Vortrag wurde er von Erickson davon in Kenntnis gesetzt, daß er zwar darüber nachdenke, aber bis zum Abschluß seiner Überlegungen keine Therapie versuchen werde, und ihn bitte, einen anderen Psychiater wegen seines Problems aufzusuchen. Dann wechselte Erickson das Thema und bat den Patienten um Kooperation für ein spezielles Experiment, von dem dieser wußte, daß es schon einige Zeit geplant worden war und während der nächsten Monate entwickelt werden sollte. Obwohl der Patient nicht mit der Verschiebung seiner eigenen Therapie einverstanden war, sagte er, daß er für derzeitige und zukünftige hypnotische Experimente zur Verfügung stehen werde. Während Erickson die oben angesprochene spezielle hypnotische Arbeit plante, kam ihm die Idee zu dem nachstehend näher beschriebenen Experiment, die er für seine Untersuchung entwickelte. Allerdings ließ er seinen Patienten in dem Glauben, daß dessen Therapie auf unbestimmte Zeit verschoben sei und er sich zunächst mit der geplanten hypnotischen Arbeit befasse, über die der Patient keine Informationen erhielt.

Erickson begründet diese offensichtliche Täuschung mit der Annahme, daß bei diesem Vorgehen therapeutische Ergebnisse der angewendeten hypnotischen Prozeduren dann der Therapie selbst und eben nicht den Hoffnungen und Erwartungen des Patienten zugeschrieben werden können. Außerdem eröffne sich nur so die Möglichkeit, den Patienten für das beabsichtigte Experiment sehr tief zu hypnotisieren, ohne seinen Erfolg als Subjekt in irgendeiner Weise von seiner Neurose abhängig zu machen.

Der Inhalt der Geschichte

Vor diesem Hintergrund entwarf Erickson einen speziellen Komplex für den Patienten und nahm an, daß dieser, wenn er im Kopf des Subjekts implantiert werden würde, eine künstliche Neurose des eingangs beschriebenen Typs hervorbringen werde. Die Geschichte selbst, die unten im Wortlaut zum Zeitpunkt des Experiments mit den hypnotischen Instruktionen wiedergegeben wird, wurde laut Erickson frei erfunden, beruht aber auf dem Wunsch des Patienten nach einem Stipendium. Nachdem Erickson den Patienten in einen Zustand versetzt hatte, der durch Dissoziation von umgebenden Stimuli und von posthypnotischer Amnesie für Trance-Erlebnisse und Suggestionen charakterisiert ist, gab er ihm die folgenden Instruktionen:

„Jetzt, während du weiterschläfst, werde ich dir einen Vorfall ins Gedächtnis rufen, der nicht vor allzulanger Zeit passierte. Während ich dir

122

diesen Vorfall wiedergebe, wirst du dir vollständig und ganz alles, was passiert ist, in Erinnerung rufen. Du hattest guten Grund, diesen Vorfall zu vergessen, aber während ich es dir in Erinnerung rufe, wirst du dich an wirklich jedes Detail vollständig erinnern. Jetzt behalte im Gedächtnis, daß, während ich wiederhole, was ich von diesem Vorfall weiß, du dich voll und ganz an alles erinnern wirst; genau wie es passierte und noch mehr als das, wirst du die verschiedenen, widersprüchlichen Gefühle wiedererleben, die du zu dieser Zeit hattest, und du wirst dich genauso fühlen, wie als der Vorfall stattfand.

Jetzt werde ich dir das spezielle Ereignis erzählen: Vor einiger Zeit trafst du einen in akademischen Kreisen prominenten Mann, der Interesse an dir zeigte und der in einer Position war, dir helfen zu können, ein bestimmtes Forschungsstipendium, an dem du sehr interessiert warst, zu erhalten. Er vereinbarte einen Termin mit dir bei ihm zu Hause, und an dem Tag erschienst du zur vereinbarten Stunde. Als du an die Tür klopftest, wurdest du nicht von dem Mann, sondern von seiner Ehefrau in Empfang genommen, die dich höflich begrüßte und sehr freundlich war und dir das Gefühl gab, daß ihr ihr Mann eine positive Darstellung von dir gegeben hatte. Sie erklärte entschuldigend, daß ihr Ehemann für einige Minuten fortgerufen worden war, daß er aber bald zurückkommen würde und darum gebeten hatte, daß man es ihm (dem Subjekt) in der Bibliothek gemütlich machen solle. Du begleitetest sie zu diesem Raum, wo sie dich mit einer reizenden jungen Frau bekanntmachte, die offensichtlich eher schüchtern und reserviert war und die, wie sie erklärte, ihre einzige Tochter war. Die Mutter erbat dann deine Erlaubnis, ihrer Arbeit nachgehen zu können, und erklärte, daß die Tochter glücklich darüber sei, ihn, während er warte, zu unterhalten. Du versichertest der Mutter, daß es dir sehr angenehm wäre, und selbst jetzt kannst du dir ins Gedächtnis rufen, wie sehr du vor Freude glühtest bei dem Gedanken, die Tochter als Gastgeberin zu haben. Als die Mutter den Raum verließ, fingst du an, mit der jungen Frau Konversation zu treiben, und trotz ihrer Schüchternheit und Verlegenheit fandest du bald, daß sie genauso attraktiv Konversation betrieb, wie sie attraktiv anzuschauen war. Bald fandest du heraus, daß sie sehr am Zeichnen interessiert war, daß sie zur Kunstakademie gegangen war und sehr an Kunst interessiert war. Sie zeigte dir schüchtern ein paar Vasen, die sie gezeichnet hatte. Schließlich zeigte sie dir ein feines kleines Glasschälchen, das sie in sehr kunstvoller Weise bemalt hatte, und sie erklärte dir, daß sie es als Aschenbecher für ihren Vater dekoriert hatte, mehr um es als Ziergegenstand als als Aschenbecher zu benutzen. Du hast es sehr bewundert. Die Bemerkung, das Schälchen als Aschenbecher zu benutzen, erweckte in dir den Wunsch, zu rauchen. Aufgrund ihrer Jugendlichkeit zögertest du, ihr eine Zigarette anzubieten. Außerdem wußtest du nicht, wie ihr Vater über diese Dinge dachte; und doch wolltest du die Höflichkeitsregeln beachten. Während ihr dieses Problem debattiertet, wurdest du immer nervöser. Das Mädchen bot dir keine Zigarette an, um dadurch dein Problem zu lösen, und du hofftest, du könntest ihr eine Zigarette anbieten. Schließlich batest du sie verzweifelt, um Erlaubnis zu rauchen, und sie erlaubte es sehr bereitwillig, woraufhin du eine Zigarette nahmst, ihr aber keine anbotest. Während du rauchtest, sahst du dich nach einem Aschenbecher um, und das Mädchen bestand darauf, daß du den Aschenbecher, den sie für ihren Vater gestaltet hatte, benutztest. Zögernd tatest du es und fingst an, über verschiedene Themen zu reden. Während du sprachst, wurdest du dir einer schnell steigenden Ungeduld in bezug auf die Rückkehr ihres Vaters gewahr. Schnell wurdest du so ungeduldig, daß du das Rauchen nicht mehr genießen konntest, und du warst so ungeduldig und verzweifelt, daß du, anstatt deine Zigarette vorsichtig auszudrücken und sie dann in den Aschenbecher zu legen, sie einfach brennend in den Aschenbecher fallen ließest, während du weiter mit der Frau sprachst. Die Frau merkte offensichtlich nichts von dem Geschehen, aber nach einigen Minuten hörtest du plötzlich einen lauten Knack und wußtest sofort, daß die Zigarette, die du in den Aschenbecher hattest fallen lassen, weitergebrannt und das Glas uneben erhitzt hatte mit der Folge, daß es in Stücke gesprungen war. Dies tat dir sehr leid, aber die Frau bestand sehr freundlich und großzügig darauf, daß es recht unbedeutend sei, da sie den Aschenbecher ihrem Vater noch nicht geschenkt hatte und er gar nichts davon erfahren würde und so auch nicht enttäuscht sein könnte. Trotzdem fühltest du dich zunehmend schuldig dafür, den Aschenbecher zerbrochen zu haben. Und du fragtest dich, wie sich ihr Vater wohl fühlen würde, wenn er jemals davon erfahren würde. Dein Anliegen war offensichtlich, und als die Mutter den Raum betrat, versuchtest du, es ihr zu erklären, aber sie versicherte dir liebenswürdig, daß es wirklich nichts ausmachte. Wie dem auch sei. Du fühltest dich höchst unangenehm, und dir schien, daß die junge Frau sich ebenso fühlte. Kurz danach rief der Vater an und ließ ausrichten, daß er für den Rest des Tages wegbleiben müsse; er bat, dich zu einem späteren Termin bestellen zu dürfen. Du verließest das Haus gerne, dich sehr elend der ganzen Situation wegen fühlend; und dir wurde klar, daß du wirklich gar nichts tun konntest.

Jetzt, nachdem du erwacht bist, wird dir diese ganze Situation im Gedächtnis sein. Du wirst nicht bewußt wissen, was es ist, aber trotzdem wird es dich beschäftigen, es wird dich beunruhigen und deine Taten und deine Sprache bestimmen, obwohl dir nicht bewußt sein wird, daß das so ist.

Ich habe dir gerade von einer kürzlichen Begebenheit erzählt, und während ich sie dir schilderte, erinnertest du dich im Detail, und dir war die ganze Zeit bewußt, daß ich dir eine ziemlich genaue Darstellung der Situation gab, daß ich die wesentliche Geschichte erzählte. Nachdem du erwachst, wirst du dich an die ganze Geschichte erinnern, aber dir wird nicht bewußt sein, was es ist, dir wird noch nicht einmal bewußt sein, was es sein könnte; aber es wird dich beunruhigen und deine Taten und deine Sprache bestimmen. Verstehst du das? Und du fühlst dich schlecht wegen dieser Sache."[240]

Kommentierend verweist Erickson darauf, daß in der Geschichte die heterosexuelle Situation mit ihren Implikationen ganz offensichtlich sei und daß durch die symbolische Gleichsetzung von Zigarette und Penis sowie von Aschenbecher und Vagina, dem Aspekt des heterosexuellen Triebes und der emotionalen Kräfte, der Anziehungskraft des Mädchens auf den Mann und dessen Wunsch, ihr etwas zu geben und dadurch Befriedigung zu erfahren, dem Imponiergehabe des Mädchens, das sich im Zeigen ihrer Kunst manifestiere, der Parallelität der Katastrophe mit denen früherer heterosexueller Begegnungen die Plausibilität der angestrebten Identifikationen erst erzeugt werden könne.

Die Methode der Prozedur

Was hier fehlt, ist die exakte Methode*, die Erickson für die Formulierung des Komplexes benutzt hat. Dazu finden sich in der ersten Veröffentlichung des Experiments keine Angaben. Diese wird von Erickson erst annähernd zehn Jahre später[241] publiziert, um zu demonstrieren, daß die hier beschriebene technische Prozedur erfolgreicher sei als spontane, ungeplante, willkürliche Suggestionen, die nicht mit gleicher Sorgfalt vorbereitet werden, um hypnotische Suggestionen oder Situationen herzustellen. Bei der Darstellung der Methode wird von Erickson streng unterschieden zwischen dem, „Was" (Inhalt) gesagt wird, und dem, „Wie" (Methodik) es gesagt wird.

Der Inhalt der Geschichte, das „Was", sei für ihn relativ einfach zu bestimmen gewesen, sagt Erickson, und habe nicht viel Phantasie erfordert, da der Patient seit über einem Jahr sein hypnotisches Subjekt gewesen sei und er ihn daher sehr gut kannte, mit dessen Familie vertraut war und eben auch ein professionelles Verständnis seiner Neurose[242] besaß. Also habe er den Inhalt der Geschichte um einen imaginären Besuch bei einer unidentifizierten prominenten Person zu Hause zentriert. Dort wurde er angeblich von der Dame des Hauses begrüßt, mit der attraktiven einzigen Tochter bekanntgemacht, in deren Gegenwart er eine Zigarette rauchte und versehentlich einen wertvollen Aschenbecher zerbrach.

Wesentlich aufwendiger war es, das „Wie" der Geschichte zu entwickeln. Denn die fiktive Darstellung der Geschichte mußte so erzählt werden, daß sie die experimentelle Vergangenheit des Subjektes so überlagerte, daß es darauf emotional reagieren konnte, sie in seine Erinnerungen einbauen und in einen vitalen Teil seines psychischen

* Translated and reprinted with permission of the Helen Dwight Reid Educational Foundation. Published by Heldref Publications, 1319 Eighteenth St., N.W., Washington, D.C. 20036-1802. Copyright © 1998. Source: „The method employed to formulate a complex story for the induction of an experimental neurosis in a hypnotic subject" by Milton H. Erickson; in: *The Journal of General Psychology*, (1944) 31, pp 67-84.

Lebens transformieren konnte. Das könne erreicht werden, so Erickson, indem man die objektiven Punkte, die in der Geschichte enthalten seien, so in eine Schilderung einwebt, daß sie eine Reichhaltigkeit und Bandbreite an Emotionen, Erinnerungen und Assoziationen stimulierten, die wiederum der Geschichte eine zweite und weitaus größere Signifikanz und Gültigkeit geben würden, als der offensichtliche Inhalt das hätte tun können. Das setzte allerdings eine vorsichtige Wahl und Benutzung der Wörter voraus, die mehrere Bedeutungen, Assoziationen und Nuancen tragen müssen und dazu dienen, in gradueller, kumulativer und für das Subjekt nicht realisierbarer Weise eine zweite umfassendere, aber nicht realisierbare Bedeutung für die Geschichte aufzubauen. Die in der Geschichte benutzten Wörter sollten durch ihre Anordnung in Satzglieder und Sätze und sogar durch ihren einführenden, überleitenden und sich wiederholenden Gebrauch jeweils speziellen Zwecken dienen.

Dazu war es erforderlich, Betonungen zu nutzen oder sie rauszulassen, Kontraste herzustellen, Ähnlichkeiten, Parallelitäten, Identifikationen und Gleichsetzungen einer Idee zu einer anderen herzustellen, um den Aufbau einer Serie von Assoziationen und emotionalen Antworten auszulösen, die stimulieren, aber nicht direkt hervorgebracht werden; so kommt ein Gedanke zum anderen, Beziehungen von verschiedenen Gedanken und Objekten folgen aufeinander, Verschiebungen von Verantwortlichkeiten und Aktionen des einen Charakters zu einem anderen. Erickson nutzt hier Wörter, die bedrohen, herausfordern, zerstreuen oder nur dazu dienen, eine Verzögerung in der Entwicklung der Erzählung zu erreichen, um eine Geschichte zu erzeugen, die für das Subjekt jenseits ihres formalen Inhaltes signifikant ist. Dabei setzte Erickson voraus, daß das Subjekt bereits reichhaltige Erfahrungen im Umgang mit direkten und indirekten Suggestionen erworben hatte und angemessen auf indirekte, versteckte und verkleidete Suggestionen der Geschichte reagieren würde.

Eine große Bedeutung mißt Erickson dem Vortrag selbst bei, der in genauer Kenntnis der Bedeutung der Geschichte für das Subjekt erfolgte, so daß Erickson beim Vortrag bedeutungsvolle Intonationen, Beugungen, Betonungen und Pausen nutzen konnte, die alle nach Erickson, wie die tägliche Erfahrung immer wieder beweise, oft mehr vermitteln als das gesprochene Wort.

„Im Grunde war die Aufgabe vergleichbar mit der eines Komponisten, der einen speziellen Effekt bei seinem Publikum erzielen möchte. Worte und Vorstellungen, besser noch als Noten der Musik, wurden in ausgesuchte Sequenzen, Muster und Rhythmen eingesetzt. Durch diese Komposition sollten tiefgreifende Antworten im Subjekt erweckt werden, nicht nur in bezug auf das, »was« die Geschichte meinen könnte, sondern auch aus der experimentellen Vergangenheit des Patienten heraus.

Wie gut dies gelungen ist, ist, abgesehen von den experimentellen Ergebnissen, eine Sache der Spekulation. Es kann kein Beweis dafür erbracht werden, daß die angebotene Erklärung dieses Komplexes korrekt ist oder daß jemand anderes, der die gleichen Worte benutzt, nicht eine völlig andere Erklärung hervorbringen würde. Ein Beweis, wenn überhaupt, könnte bestenfalls ein schlußfolgernder sein. Wie auch immer. Weitergehende Erfahrungen mit einer größeren Effizienz von hypnotischen Suggestionen, die vorsichtig als strukturierend berechnet sind im Gegensatz zu den weniger effektiven spontanen Suggestionen, die vorrangig mit den offensichtlichen Inhalten befaßt sind, zeigt, daß dieser anfängliche Versuch einer Analyse interpersonaler Kommunikation dieses speziellen Typs berechtigt ist."[243]

Die Entwicklung der Geschichte selbst beanspruchte Erickson über viele Wochen. In dieser Zeit schrieb er die Geschichte mit unterschiedlichen Worten viele Male um, bevor sie ihm befriedigend erschien. Zwei seiner Kollegen lasen die Geschichte und trugen Anregungen bei. Weitere Kollegen trugen ohne ihr Wissen durch von Erickson initiierte Diskussionen über die Bedeutung von Sätzen ebenfalls zu der Geschichte bei, die dann in Details verändert wurde. Erickson bedachte auch Fakten, die sich auf den Patienten bezogen, wie etwa dessen Einstellung seinen Eltern gegenüber, Konversationsklischees, Verhaltensmuster und Erlebnisse, und bezog diese direkt oder indirekt, wo immer es möglich schien, in die Geschichte ein, so daß sie für den Patienten eine einmalige Bedeutung hatte.

Die Erklärung der Geschichte, wie sie nachstehend erfolgt, weist ihre logischen und beabsichtigten Bedeutungen sowie die erhofften Reaktionen und Antworten aus. Dabei handelt es sich allerdings um vorexperimentelle Formulierungen dessen, was der Komplex für das Subjekt möglicherweise bedeuten könnte, um den Versuch, die mögliche Bedeutung der beabsichtigten spezifischen interpersonalen Kommunikation in einer besonderen Situation zu ermitteln. Zwar konnte durch das Experiment in wenigen Augenblicken die Gültigkeit einer gewissen Anzahl der postexperimentellen Kommentare[*] bestätigt werden, doch für den großen Teil der Kommentare war die Bestätigung undurchführbar und durch die experimentelle Situation auch ausgeschlossen.

Komplex	Erläuterungen
Jetzt,	„Jetzt" bezieht sich auf die Gegenwart, die unmittelbare, eingegrenzte, beschränkte Gegenwart; sie bezieht sich weder auf die Vergangenheit noch auf die Zukunft; sie ist sicher.
während du	„Du" ist ein weiches Wort; das Subjekt wird behutsam eingeführt.
weiterschläfst,	„Weiter" ist ein sehr wichtiges Wort, da es bis in die Zukunft geht; es steht dem „Jetzt" entgegen, das sich auf die Gegenwart bezieht, und es führt eine unbestimmte Verlängerung in die Zukunft ein. Somit macht das Subjekt unbewußt einen Wechsel vom „Jetzt" zur anhaltenden, in der Zukunft liegenden Situation. Folglich hat er die zeitliche Situation geändert und bekommt im gleichen Moment den Befehl „weiterzuschlafen", einen Befehl, der auf der Vergangenheit beruht, die Gegenwart einbezieht und sich in die Zukunft hineinzieht.
werde	„Werde" führt die zukunftsbezogene Bedeutung des Wortes „weiter" fort und erweitert es, indem es sowohl den Hypnotiseur als auch das Subjekt in die Fortsetzung der Zukunft bringt.
ich	Pronomen in der ersten Person, welches sichert, daß alles weitere vom Hypnotiseur veranlaßt wird und das Subjekt sich passiv verhalten kann.

---

[*]   Erickson 1944, S. 70-83

dir	Pronomen in der zweiten Person; betont, daß wir beide in die Zukunft gehen werden und die Vergangenheit mitnehmen.
einen	„Einen" heißt nur einen, einen bestimmten (Vorfall), und gleichzeitig ist es unbestimmt.
Vorfall	„Vorfall" ist ein spezifisches Wort; nur „einen Vorfall", und doch, trotz der scheinbaren Spezifität, bleibt er so allgemein, daß man ihn nicht herausgreifen kann noch ihm widerstehen oder ihn zurückweisen; man kann ihn nur akzeptieren.
ins Gedächtnis rufen,	„Ins Gedächtnis rufen" bezieht sich auf die Vergangenheit, und wir gehen beide in die Zukunft und nehmen die Vergangenheit mit. Das „Gedächtnis" ist ein ausgewählter, wichtiger, sogar äußerst wichtiger Teil von ihm, ein Teil, der sich auf die Vergangenheit bezieht.
der nicht	Wenn das Subjekt widersprechen, zurückweisen, oder nicht wahrhaben will, gibt ihm hier das Wort „nicht" volle Gelegenheit dazu. Er kann sich daran festhalten und all seine Widerstände gegen das Akzeptieren der Geschichte daran festmachen; es ist sogar ein Köder, um seine Widerstände anzuziehen. Die Sequenz heißt „der nicht ... (passierte)", aber, selbst wenn sich seine Widerstände an dem „nicht" festhielten, würde ihm dieser Köder zu Recht durch die beiden anderen Worte wieder entrissen, und somit werden seine Widerstände aufgebracht, mobilisiert, aber dann nicht weiter beachtet und damit zunichte gemacht.
vor allzulanger Zeit	Dieser Satzteil ist an sich eine positive Sequenz. Sie ist sehr spezifisch, aber in einer vagen, allgemeinen Weise; wann genau ist „(nicht) vor allzulanger Zeit"? Gestern? Letzte Woche? Dazu ist die Sequenz „wirklich", da wir alle ein „(nicht) vor allzulanger Zeit" in unserem Leben haben. Somit wird das Gewicht auf die Wahrheit gelegt, das sich auswirken wird.
passierte.	„Passierte" ist ein erzählendes Wort; eine Menge Dinge passieren, speziell unbedeutende Dinge.
Während ich	Wieder die erste Person, die Verantwortung übernimmt.

dir	Zweite Person; erst wurde es dir „ins Gedächtnis gerufen", und jetzt wird es „dir wiedergegeben", und zwar ihm als Person. Somit wird er als Person eingeführt, die in ihrer passiven Akzeptanz des „Wiedergegebenen" als Person selbst die Verantwortung übernehmen kann.
diesen	„Diesen" ist wie „einen" ein beschreibendes Wort, über das man nicht streiten muß, und die Bereitschaft, zu streiten oder es zu leugnen, wird außer Kraft gesetzt.
Vorfall	Dieses ist wieder ein sehr spezifisches Wort.
wiedergebe,	Oben rief ich ihm etwas „ins Gedächtnis", aber in diesem Satz ziehe ich mich sofort von dieser Verantwortung zurück. Hier werde ich nur etwas „wiedergeben", und „wiedergeben" und „ins Gedächtnis rufen" sind total unterschiedliche Worte. Somit wird die Verantwortung für ein „ins Gedächtnis rufen", was die ursprüngliche Aufgabe war, vom Hypnotiseur zurückgewiesen, der die Verantwortung nur für das „wiedergeben" übernimmt. Daher ist das Subjekt gezwungen, sich etwas ins Gedächtnis zu rufen, wenn der Hypnotiseur etwas „wiedergibt". Und wenn der Hypnotiseur etwas „wiedergeben" kann, und da besteht kein Zweifel, daß er es kann, dann kann sich wirklich im Sinn von Können auch das Subjekt etwas ins Gedächtnis rufen; eine sophistische, aber unbestreitbare Herstellung der Wahrheit der Geschichte, die erzählt wird.
wirst du	Das Subjekt wird aufgefordert, als Person zu agieren, und gleichzeitig wird ein Befehl gegeben.
dir vollständig und ganz	Dieses sind Ablenkungsworte, da sie die Aufmerksamkeit nicht auf die Aufgabe an sich, sondern auf die Größe oder Qualität der Aufgabe lenken. Somit muß er sich erst weigern, sie „vollständig und ganz" zu erfüllen, bevor er sich weigern kann, die Aufgabe überhaupt zu erfüllen, und wenn er sich weigert, sie „vollständig und ganz" zu tun, verpflichtet er sich, implizit, sie zumindest teilweise zu erfüllen, bis er den Prozeß der Verweigerung im ganzen durchläuft. All dies erfordert so viel Zeit, daß es nicht möglich ist, diese mentalen Prozesse zu durchlaufen und gleichzei-

tig eine logische Ablehnung der gesamten Aufgabe zu erlauben. Außerdem kann er sie (die Ablehnung), falls er immer noch Widerstände der hypnotischen Situation gegenüber hat, gegen die Ablenkungsworte richten.

alles,

„Alles" ist ein wirklich bedrohliches Wort; „alles" zu erzählen, ist etwas, was man einfach nicht tut. Also ist hier eine Gelegenheit, Widerstand aufzubauen, da seine Widerstände, falls er die Geschichte nun akzeptiert, erst als Einführung zu einer Auflösung mobilisiert werden. Wenn er sich also weigert, „alles" zu erzählen, bestätigt er, daß es etwas zu erzählen gibt.

was passiert ist,

Der Befehl, „alles" zu erzählen, erscheint nun berechtigt, da es nicht „alles" ist, sondern nur die reinen Fakten des „was passiert ist" und nicht die Bedeutungen oder persönlichen Implikationen. Es gibt aber wieder andere Implikationen.

in Erinnerung rufen.

„In Erinnerung rufen" vervollständigt den Wechsel der Verantwortlichkeiten von der ersten zur zweiten Person mit einer endgültigen Zuweisung der Verantwortlichkeit sowohl des „Wiedergebens" als auch des „Erinnerns".

Du

Zweite Person, betont nochmal die Rolle des Subjektes als jemand, der involviert ist.

hattest guten Grund,

Es gibt nicht nur einen „Grund", sondern einen „guten Grund"! Wir alle denken gerne, wir hätten einen „guten Grund"; es rehabilitiert.

diesen

Ein explizites Wort, das dafür da ist, das Gefühl der Spezifität zu betonen.

Vorfall

„Passieren" ist ein erzählendes Wort, und jetzt wird das Wort „Vorfall" benutzt, das so oft als Umschreibung für schlechte Dinge, die man vergißt, benutzt wird.

zu vergessen,

Jetzt wird der „gute Grund" unerklärlicherweise in einen „schlechten" Grund verwandelt; „gut" ist nicht mehr länger „gut", sondern wird irgendwie zur schlechten Sache; so eine Art Grund, den man lieber vergißt. Auch erklärt „zu vergessen" die Notwendigkeit, sich „zu erinnern", und erklärt die „Wiedergabe" der Geschichte. Aber was vergißt man? Vor allem schlechte Dinge!

aber	„Aber" geht immer unangenehmen Dingen voraus; „kein Aber" ist ein gebräuchlicher Ausdruck.
während ich es dir in Erinnerung rufe,	Diese Ausdrucksweise ist eine Gnadenfrist, da die erste Person die Verantwortung zu übernehmen scheint; aber wer Verantwortung übernimmt, kann sie auch auf jemand anders übertragen. Somit ist indirekt die Dominanz des Hypnotiseurs gesichert, und die nächsten Worte führen das Subjekt zur aktiven Arbeit.
wirst du dich an wirklich jedes Detail vollständig erinnern.	Mehr als „in Erinnerung rufen" ist gefragt. Oben hieß es „in Erinnerung rufen"; jetzt ist es mehr, nämlich „du wirst dich erinnern"; außerdem ist „erinnern" schon in sich eine einfache, direkte hypnotische Suggestion, ähnlich der Suggestion des „Schlafes" im eröffnenden Satz. Dazu soll „wirklich jedes Detail" erinnert werden, so daß Widerstände in bezug auf das Erinnern an jedes einzelne Detail nicht auf den gesamten Vorfall gelenkt werden müssen. Somit sind „wirklich" und „jedes" sowie „vollständig" Ablenkungsworte, die Widerstand oder Zurückweisung auf die Qualität der Leistung lenken.
Jetzt	„Jetzt" geht zurück auf das erste Wort im ersten Satz, ein Wort, das voll akzeptiert werden konnte. Somit wird diese erste Einstellung wiederverwendet.
behalte im Gedächtnis,	„Gedächtnis" knüpft – aus ähnlichen Gründen – an den ersten Satz an.
daß, während ich wiederhole,	„Wiederhole" bezieht sich auf eine faktische Erfahrung in der Vergangenheit, eine, die wirklich passierte und bekannt ist, da sie sonst nicht von jemandem wiederholt werden könnte. Außerdem wird die Rolle des Hypnotiseurs klar definiert und kann nicht bestritten werden.
was ich von diesem Vorfall weiß,	„Wiederholen" und „wissen" bestätigen und sichern die Wahrheit, lassen aber einen Fluchtweg, denn die Qualifikation dessen, was „ich weiß", impliziert, daß da einiges sein könnte, was „ich nicht weiß", und das wäre etwas Zusätzliches, was er weiß.
du dich voll und ganz	Dieses Satzgefüge geht zurück und bestätigt die ursprüngliche Verantwortungszuweisung auf

133

"dich". "Voll und ganz" ist eine wiederholte Ablenkung, die den vorherigen Gebrauch dieser Worte verstärkt.

an alles erinnern wirst;

Wieder dieses bedeutungsvolle, sogar bedrohliche Wort "alles".

genau wie es passierte

Eine Qualifikation, die das Wohlbefinden einschränkt, da sie mögliche persönliche Bedeutungen und Implikationen ausschließt.

und noch mehr

Noch bedrohlicher, da "mehr" – welches "mehr" – gefordert ist.

als das,

Trägt noch immer die Bedrohung in sich.

wirst du

Ein hypnotischer Befehl, der Druck ausübt.

die verschiedenen, widersprüchlichen Gefühle wiedererleben,

Die Sache wird hier als widersprüchlich und emotional definiert, wovon er schon eine Menge erlebt hatte, die alle wirklich und emotional waren.

die du zu dieser Zeit hattest,

Eine spezifische, doch unidentifizierte "Zeit" in der Vergangenheit, die aber mit "widersprüchlichen Gefühlen" in Zusammenhang steht.

und du wirst dich genauso fühlen, wie als der Vorfall stattfand.

Ein hypnotischer Befehl, "dich zu fühlen", der eine Bedrohung enthält, da er auf die "widersprüchlichen Gefühle" folgt. Die Sache wird definiert und umrissen; sein Vorgehen (das des Hypnotiseurs) deutete auf ein Wiederbeleben hin, nur das eines vergangenen Erlebnisses; es ist keine Beichte, sondern nur ein "Wiedererleben" von etwas, das stattfand.

Jetzt

"Jetzt" geht auf das Eröffnungswort zurück; später wurde es direkt nach der Zuteilung der Aufgabe (als Wort, das akzeptiert wird) wiederholt und wird hier wiederum an einer ähnlichen Stelle aufgegriffen.

werde ich dir das spezielle Ereignis erzählen:

"Ein Ereignis" wird jetzt zu einem sehr bestimmten Begriff. "Ich" kann dir nur soviel "erzählen", wie ich davon weiß, ist eine zwanglose Bemerkung, überleitend gebraucht und rückversichernd in ihrer Bedeutung.

Vor einiger Zeit

Neudefinition von "Vor nicht allzulanger Zeit"; trotzdem immer noch sehr vage und schwer faßbar.

134

trafst du einen in aka-demischen Kreisen prominenten Mann,	„Trafst du einen Mann" ist eindeutig wahr und akzeptabel. Wir kennen gerne „prominente" Menschen; ein angedeuteter Appell an den Narzißmus. „In akademischen Kreisen" grenzt die Identifikation des Mannes ein.
der Interesse an dir zeigte,	Ein starker Appell an den Narzißmus.
und der in einer Position war,	Eine mögliche Bedrohung, da „Position" Macht symbolisiert und im guten oder schlechten Sinne benutzt werden kann.
dir helfen zu können,	Der Narzißmus wird verstärkt und rückversichert, und das Subjekt möchte jetzt den Mann identifizieren und ist daher offen für Suggestionen.
ein bestimmtes	Sehr spezifisch, aber noch nicht definitiv.
Forschungsstipendium, an dem du sehr interessiert warst, zu erhalten.	Eine wahre Behauptung, da er an einem Forschungsstipendium interessiert war; allerdings war er an irgendeinem interessiert. Aber diese Behauptung läßt keine Möglichkeit, sie zu bestreiten, da jeder Punkt fortschreitend aufgebaut und qualifiziert wird und jede Qualifikation ein Bestreiten erfordert, bevor die anfängliche Prämisse attackiert werden kann; und sein Narzißmus erfordert die Akzeptanz jedes einzelnen Punktes der Suggestion. Dadurch wird Widerstand verbreitet. Zusätzlich ist der Mann „interessiert", das Subjekt ist auch „interessiert"; es gibt einen gemeinsamen Nenner, und das Bestehen von Interesse auf der Seite des Subjektes strahlt aus und unterstützt das Interesse des Mannes.
Er	Eine dritte Person übernimmt die gesamte Verantwortung. Also kann das Subjekt ruhig zuhören, da die Geschichte eine dritte Person betrifft.
vereinbarte einen Termin mit dir	Dieser Punkt ist bestreitbar und muß in immer detaillierterer und spezifischerer Weise qualifiziert werden, um eine Eskalation von Widerstand oder Zurückweisung auszuschließen; und jeder kleine Punkt, der hinzugefügt werden soll, muß einen kumulativen Effekt haben, der das Subjekt immer weiter vom essentiellen Punkt wegbringt.
bei ihm zu Hause,	Eine Qualifikation des Ortes.
und an dem Tag erschienst du zur vereinbarten Stunde.	„An dem Tag" ist spezifisch und muß aus der Vergangenheit hervorgeholt werden. „Zur vereinbar-

ten Stunde" ist so spezifisch, endlich und absolut und trotzdem sehr unbestimmt. „Stunde" ist eine endgültige spezifische Qualifikation des Termins, und es ist sehr wichtig, diesen Termin zu etablieren. Dadurch wird das Subjekt zu einem Haus geführt, „an dem Tag", zu „der Stunde". Durch diese Details kann nicht einmal ein behindernder Gedanke aufkommen, da seine einzige Möglichkeit in dieser hypnotischen Situation die ist, die „vereinbarte Stunde" des spezifischen Tages zu Hause bei dem an ihm interessierten Mann zurückzuweisen, an dem er aber ein narzißtisches Interesse hatte. Somit wurde eine Möglichkeit angeboten und ihr Akzeptieren praktisch erzwungen. Deshalb muß ihm eine Möglichkeit geboten werden, wenigstens etwas dieser schnell wachsenden Geschichte abzulehnen, als Ausgleich für die erzwungene Akzeptanz anderer Möglichkeiten.

Als du
„Als" ist eine Herausforderung, die alles offenläßt. „Du" ist die zweite Person, aktiv ihm die Möglichkeit gebend, in Aktion zu treten.

an die Tür klopftest,
Ein kleines Detail, das die Aufmerksamkeit von dem „in Aktion treten" ablenkt.

wurdest du
„Du" ist eine passive zweite Person – dadurch wird er von der aktiven in die passive Rolle gezwungen.

nicht
Ein negatives Wort, ausdrücklich negativ.

von dem Mann,
Offensichtlich ist es unnötig, die Geschichte zu leugnen, zurückzuweisen oder zu bestreiten, da der Hypnotiseur das mit der Wendung „wurdest du nicht von dem ... empfangen" schon tut. Die Widerstände des Subjektes wurden aufgebaut und dann in Inaktivität zerstreut und durch die Negationen nutzlos stehengelassen.

sondern von seiner Ehefrau
„Sondern" wird hier im Zusammenhang mit einer Ehefrau gebraucht, um eventuelle vorherige unangenehme Assoziationen zu verstärken, denn eine Ehefrau ist eine sexualisierte Frau. Diese Aussage ist eine bestreitbare, aber bevor er noch seine Widerstände mobilisieren kann, wird die ganze Situation durch die nächsten Worte vollkommen verändert.

in Empfang genommen,	Ein dogmatischer Ausspruch, der dem Widerstand und der Zurückweisung alle Türen öffnet; eine Möglichkeit, etwas aus der Vergangenheit einzuwerfen, eine offene Tür für das Abweisen der gesamten Geschichte und gleichzeitig eine Chance für ihn, sich seine eigene Darstellung zu schaffen.
die dich höflich begrüßte und sehr freundlich war	Hier wird ein starker Appell an seinen Narzißmus gerichtet, der schon vorher stimuliert worden war. Man wird gerne höflich von der Ehefrau eines prominenten Mannes begrüßt.
und dir das Gefühl gab,	„Gefühl" bedeutet, emotional zu reagieren, eine sichere Situation, um auf den Narzißmus zu reagieren. Zusätzlich ist das Wort eine direkte Aufforderung an eine narzißtische Antwort. Gleichzeitig wird der einfache direkte hypnotische Befehl gegeben, zu fühlen.
daß ihr ihr Mann eine positive Darstellung von dir gegeben hatte.	Hier wird die volle Möglichkeit nach unbegrenztem Narzißmus gegeben. Alles, was bisher erzählt wurde, beruht nun auf einem sicheren Fundament von narzißtischer Befriedigung. Er braucht diese Geschichte.
Sie erklärte entschuldigend,	Eine indirekte Attacke auf seinen Narzißmus – diese würdevolle Frau, die ihn komplimentierte, wird entschuldigend? Das kann nicht sein, denn alles, was diese höfliche Frau tut, muß richtig sein; dafür wird er sorgen. Entschuldigungen und Lob in dieser Kombination sind nicht gut.
daß ihr Ehemann	Ein flüchtiges, zurückhaltendes Realisieren der Tatsache, daß er allein mit einer verheirateten Frau und somit mit einem sexuellen Objekt war.
für einige Minuten fortgerufen worden war,	Eine Einschränkung der Gefahr, und somit ist er sicher, obwohl er allein mit einer Frau ist.
daß er aber bald zurückkommen würde	„Bald" ist wieder ein sehr vages und rückversicherndes Wort.
und darum gebeten hatte, daß man es ihm (dem Subjekt)	„Ihm", die Person wird wieder eingeführt.
in der Bibliothek gemütlich machen solle.	Ein würdevoller Mann, eine würdevolle Frau, narzißtische Befriedigungen werden verstärkt. „In der Bibliothek" ist ein Ablenkungssatz. Es in

einem sicheren Raum, wie einer Bibliothek, von einer Frau gemütlich gemacht zu bekommen, ist ein bißchen, wie ein Mädchen in den Salon einer Hotel-Suite einzuladen – eine leicht anzügliche Implikation.

Du begleitest sie zu diesem Raum, wo

„Du" ist die zweite Person; aktiv. Eine mögliche Angst wird durch das Nennen nur dieses einen Raumes reduziert – aber was passiert jetzt?

sie

Eine Frau, die in seiner Gegenwart aktiv wird – es wird etwas passieren!

dich mit einer reizenden jungen Frau bekanntmachte,

Für ihn gibt es keine größere Bedrohung in der ganzen Welt als eine reizende junge Frau. Eine furchtbar bedrohliche Situation, mit Spannung geladen und gefestigt durch seine Vergangenheit.

die offensichtlich eher schüchtern und reserviert war

Die Bedrohung wird kastriert und von ihm gemeistert. Somit wurden seine Ängste erweckt und sofort wieder abgeschwächt.

und die, wie sie erklärte, ihre einzige Tochter war.

Erst erklärte sie entschuldigend und nicht akzeptierbar, hier erklärt sie in Reaktion auf eine Bedrohung – werden denn diese unangenehmen Erklärungen nie enden! Eine direkte Möglichkeit für Erleichterung der Spannung, gegen unnötige gesellschaftliche Höflichkeiten in solch einer erschreckenden Situation gerichtet, aber einen Antagonismus einführend. Eine ganz besondere Tochter, trotz der Kastration um so bedrohlicher. Es wurde also eine unnötige, nur vorübergehende Kastration vorgenommen, und während diese seine Spannung kurz erleichterte, wurde die Spannung wiederbelebt und intensiviert.

Die Mutter

Ein plötzlicher Wechsel von der bedrohlichen Tochter zur unangenehmen Mutter; die Spannung in ihm steigt wieder.

erbat dann deine Erlaubnis,

Diese freundliche, würdevolle, entschuldigende Frau, die ihn in eine Falle gelockt hatte, war nett; er würde natürlich alles für sie tun; vor allem, weil es die ganze Situation dahingehend verändern würde, daß er mit der Mutter und nicht mehr mit der Tochter zu tun hätte.

ihrer Arbeit nachgehen zu können,

Arbeit ist ein ferner Ruf, dem sie folgen muß; somit entfernt sie sich weit von ihm und dem gesell-

schaftlichen Vergnügen, ihn mit der Gefahr allein-
lassend.

und erklärte,

Schon wieder dieses unangenehme Wort, das
zuerst dazu eingesetzt wurde, ihn seiner narziß-
tischen Vergnügen zu berauben, um ihn dann in
eine gefährliche Situation zu bringen. Was nun?

daß die Tochter

Die besondere, geschätzte, einzige Tochter – die
charmante junge Frau. Eine besondere Bedrohung, eine Herausforderung und eine Gefahr zusammen.

**glücklich darüber sei, ihn,
während er warte, zu un-
terhalten.**

Von einer charmanten jungen Frau unterhalten zu
werden – mit dem Einverständnis der Mutter!
„Warten" auf was? „Warten", ein bedrohliches
Wort, seine passive Hilflosigkeit ausdrückend.
Er konnte nur warten, und in der Vergangenheit
hatte er so oft in der Gegenwart eines charmanten Mädchens warten müssen.

Du versichertest

„Versichern" birgt Assoziationen über Risiken
und Gefahren in sich.

der Mutter,

Die Mutter, die dich in eine Falle, eine gefährliche Situation gelockt hatte – es besteht die Möglichkeit zu intensivem Zurückweisen und Span-
nungserleichterung.

**daß es dir sehr ange-
nehm wäre,**

„Angenehm" mit einer Frau? Die Vergangenheit
beweist den Spott dieser Bemerkung.

und selbst jetzt

„Jetzt" geht wieder auf das erste „Jetzt" zurück
und benutzt seinen Wert der Gegenwärtigkeit.

**kannst du dir ins
Gedächtnis rufen,**

Rückbezug auf das erste „ins Gedächtnis rufen";
hier wird dadurch alles eng miteinander verknüpft.

**wie sehr du vor Freude
glühtest bei dem
Gedanken,**

Hier wird zurückgegriffen auf das nochmalige
Durchleben „konfligierender Emotionen". Wenn
es konfligierende Emotionen gab, waren einige
die, „vor Freude zu glühen"; und jetzt befindet er
sich in einer Konfliktsituation: Die attraktive und
schüchterne, charmante und einzige Tochter –
die Mutter, die kommt, aber nicht bleibt, die lobt
und entschuldigt; eine Situation des Vergnügens
und des Unangenehmen.

**die Tochter als Gast-
geberin zu haben.**

„Die Tochter... zu haben", die charmante junge
Frau zu besitzen – synonyme Sätze. „Gastge-

berin", welche Art von „Gastgeberin"? Eine, die man auf Bällen trifft? Er hatte schon früher Gastgeberinnen gehabt, und hier wird vorgeschlagen, daß er „die Tochter als Gastgeberin" nimmt.

Als die Mutter den Raum verließ,

Eine Verwirrung, die die Aufmerksamkeit von der Bedrohung durch die junge Frau ablenkt und daher bereitwillig akzeptiert wird, obwohl er nun mit der Gefahr alleingelassen wird.

fingst du an,

„Du" führt die zweite Person ein. „Fingst an" impliziert aktives ‚etwas tun'.

mit der jungen Frau

Das Alleinsein mit der gefährlichen jungen Frau wird voll bewußt.

Konversation zu treiben,

„Konversation treiben" ist eine sichere Angelegenheit, aber es ist eine Umschreibung, und was kann man alles denken, während man „Konversation treibt"!

und trotz ihrer Schüchternheit und Verlegenheit

„Trotz" dieser Qualitäten; was noch! Welche Gefahren drohen?

fandest du bald,

Die Bedrohung hält an.

daß sie genauso

Was war sie? Eine einzige Tochter, charmant, eine Tochter als Gastgeberin?

attraktiv Konversation betrieb, wie sie attraktiv anzuschauen war.

Sicher, doch unsicher, physisch anziehend, der Konversation fähig, als Gastgeberin fähig?

Bald fandest du heraus,

„Du" betont wieder die zweite Person. Er hatte schon viel über sie herausgefunden, zu viel; was gab es noch herauszufinden über diese charmante, junge Frau, die er so attraktiv fand?

daß sie sehr am Zeichnen interessiert war,

„Zeichnen"? Die Stadt rot anmalen? Eine Umschreibung. „Interessiert" wird hier wiederholt. An was kann sie in dieser gefährlichen Situation interessiert sein?

daß sie zur Kunstakademie gegangen war und sehr an Kunst interessiert war.

Er hatte kommerzielle Kunst gemacht, um sich das Studium zu finanzieren; also war hier etwas Gemeinsames, ein gemeinsames Interesse – wenn sie wirklich sehr an Kunst interessiert war, würde das heißen, daß sie auch an seiner Kunst interessiert wäre, und seine Kunst war ein Teil von ihm. Ein Teil von ihm?

Sie

Ein Wechsel von ihm zu ihr.

zeigte dir	Präsentierte dir.
schüchtern	Eine gefährliche Frau, die schüchtern ist? Mann-Frau-Verhalten, kokettes, lockendes Verhalten?
ein paar Vasen, die sie gezeichnet hatte.	Ein Symbol, harmlos eingeführt, und mit dem Wort „Zeichnen" wird ihr gemeinsames Interesse hergestellt.
Schließlich	Dies ist ein bedrohendes Wort, da es einen Moment herstellt, der mit Endlichkeit einhergeht; ein großes Finale naht!
zeigte sie	Vorher zeigte sie dir „schüchtern", aber wo ist das „schüchtern" jetzt? Die Situation hat sich verändert!
dir ein feines kleines Glasschälchen,	Ein fragiles, wertvolles Ding, das leicht von männlicher Stärke erschüttert wird; genau wie die junge Frau.
das sie in sehr kunstvoller Weise bemalt hatte,	Ein Gegenstand, dem sie überschwengliche Aufmerksamkeit gewidmet hatte. „Überschwengliche" Fürsorge auf eine spezielle Art und Weise, die sie beide gemeinsam zu schätzen wüßten.
und sie erklärte dir,	Dieses Wort, das vorher unbefriedigende Assoziationen hervorgerufen hatte.
daß sie es als Aschenbecher für ihren Vater dekoriert hatte,	Ein charmantes Mädchen, ein wertvoller Besitz, Vaters Besitztum und Priorität.
mehr um es als Ziergegenstand als als Aschenbecher zu benutzen.	Es gibt etwas in dieser gefährlichen Situation, das benutzt werden kann. Ein Ziergegenstand kann auch einen schönen Körper verzieren. Es ist kein Aschenbecher! Es ist etwas anderes. Somit ist der symbolische Wert hergestellt. Es wird nur Aschenbecher genannt, aber es ist ein Ziergegenstand, der ihr gehört und über den der Vater seine unbestimmte, undefinierte Autorität walten läßt.
Du hast es sehr bewundert.	„Es" war, was sie hatte; sie war attraktiv, schön anzuschauen. „Sehr" ist ein Superlativ! In anderen Worten wird diesem Symbol eine spezielle Bedeutung zugewiesen; eine Bedeutung in bezug auf die Bewunderung in der Gegenwart eines physisch attraktiven Mädchens.

Die Bemerkung,	Einige Dinge werden nur „bemerkt", angedeutet, nicht so deutlich ausgesprochen.
das Schälchen als Aschenbecher zu benutzen,	Aber es ist kein „Schälchen", es ist keine Vase, es ist nicht einmal ein Aschenbecher; es ist nur ein Ziergegenstand, der ihr und ihrem Vater auf eine besondere Art und Weise gehört.
erweckte in dir den Wunsch	Man wünscht zu rauchen, aber es werden in der Gegenwart eines hübschen Mädchens „Wünsche erweckt".
zu rauchen.	Eine Umschreibung; ein sicherer und konventioneller Weg, das Bedürfnis, etwas zu wollen (Wünsche zu erwecken), auszudrücken; eigentlich ein Benehmen aus seiner Vergangenheit, da er das Rauchen in seiner Problemsituation als Ablenkung einsetzte.
Aufgrund ihrer Jugendlichkeit	Nicht wirklich „Jugendlichkeit", obwohl sie frisch und jung war, aber etwas, was „Jugendlichkeit" beinhaltet; etwas, das man nicht ausdrücken kann.
zögertest du,	Man kann einer attraktiven jungen Frau begegnen, es kann sich ein Wunsch melden, und trotzdem kann man zögern. Dadurch wird ein sexuelles Motiv klarer. Außerdem zögert man nicht aufgrund der Anwesenheit von „Jugendlichkeit".
ihr eine Zigarette anzubieten.	Ein symbolischer Aschenbecher, ein Ziergegenstand, der ihr gehörte, an dem sie aber beide auf besondere Weise interessiert waren; ein Vater, der im Hintergrund lauerte. Die Worte „Wünsche erwecken", „rauchen", „Jugendlichkeit", „zögern" konstituieren einen Hintergrund für eine symbolische Zigarette, die zu einem symbolischen Aschenbecher paßt.
Außerdem	Da ist noch etwas Ungesagtes, eine Implikation, die wiederholt durch Übergangsworte erzeugt wurde.
wußtest du nicht, wie ihr Vater	Der Vater, der im Hintergrund lauert, wird verstärkt.
über diese Dinge dachte;	Was sind „diese Dinge", die in der Gegenwart einer jugendlichen Frau den Zorn eines Vaters hervorbringen können?

und doch wolltest du

Eine lange Geschichte des „Wollens"; „wollen" in der Gegenwart jedes hübschen Mädchens.

die Höflichkeitsregeln beachten.

Eine Umschreibung, denn was sonst könnte gesagt werden?

Während ihr dieses Problem debattiertet,

Man debattiert nicht über das Rauchen, man debattiert tiefgreifende Fragen, man versucht die negativen Kräfte in einer Debatte zu bestreiten. Er hatte ein „Problem", sogar ein sehr beunruhigendes Problem in bezug auf Frauen, und hier „debattiert" er ein „Problem" in der Gegenwart einer Frau.

wurdest du immer nervöser.

Rauchen macht einen nicht immer nervöser, nur wirklich lebenswichtige Probleme machen einen nervös.

Das Mädchen

„Das Mädchen" folgt dem „immer nervöser" werden, und durch diese Nebeneinanderstellung wird eine Beziehung zwischen „dem Mädchen" und den beschriebenen Gefühlen hergestellt.

bot dir keine Zigarette an,

Sie versagte, genau wie alle anderen Frauen, die er gekannt hatte, und er setzt sie mit diesen anderen Frauen, die auch sein „Problem" nicht hatten lösen können, gleich.

um dadurch dein Problem zu lösen, und du hofftest, du könntest ihr eine Zigarette anbieten.

„Hoffen" in direkter Verbindung mit einem Mädchen, das sein „Problem" nicht gelöst hatte, war eine bekannte Geschichte für ihn. Wenn er doch „eventuell" nur wirklich etwas tun „könnte". „Sie befriedigen" war eines seiner Klischees, und er wollte Befriedigung. Die konventionellen und die sexuellen Motive vermischen sich, Befriedigung in bezug auf eine Frau, ein symbolischer Aschenbecher, etwas zu „wollen" und sein „Problem".

Schließlich

Wieder ein letzter Moment mit vielen einhergehenden Implikationen.

batest du sie verzweifelt um Erlaubnis

Starke, bittere und frustrierte Emotionen erwecken „Verzweiflung", und die kommt nicht von der Tatsache, daß er nicht rauchen konnte. Die Rolle desjenigen, der sich unbehaglich fühlt, ein Bittsteller, der nicht fähig zu selbstbestimmter Handlung ist.

zu rauchen,

Eine lange Geschichte des Rauchens als Ausdruck seiner „Problem"-Situation, um seine Unfähigkeit zu verstecken.

143

und sie erlaubte es sehr bereitwillig,

Eine nachgiebige, bereitwillige Frau, die leicht Bitten nachgibt – wieder eine Sache, die seiner Vergangenheit entnommen ist.

woraufhin du eine Zigarette nahmst, ihr aber keine anbotest.

Das war alles, was er tun konnte und was er schon so oft in der Vergangenheit getan hatte. Sie hatte nicht das Vergnügen, blieb unbefriedigt zurück. Auch hier wird seine Vergangenheit benutzt.

Während du rauchtest,

Er konnte es nicht anders, wie er schon oft bewiesen hatte.

sahst du dich nach einem Aschenbecher um, und das Mädchen

Bemerkte sie es? Haben alle Mädchen aus der Vergangenheit diesen Blick gesehen? „Nach einem Aschenbecher um und das Mädchen" läßt sie in dieser Form der Nebeneinanderstellung als ein einziges Subjekt erscheinen, nach dem gesucht wird.

bestand darauf,

Nicht nur nachgiebig, sondern auf etwas bestehend, aktiv, aggressiv.

daß du den Aschenbecher, den sie für ihren Vater gestaltet hatte, benutztest.

„Den Aschenbecher, den sie ... entworfen hatte" – wofür? Sie hatte ihn nur für ihren Vater bemalt. Etwas ganz Besonderes für ihren Vater, nicht benutzt und auch nicht für den Gebrauch bestimmt, sondern nur als Ziergegenstand gedacht, über das er eine undefinierbare Autorität walten läßt.

Zögernd

Wieder „zögert" er und mehr noch, denn das Wort „zögern" schließt Unsicherheit, sogar Ängste ein.

tatest du es

„Zögernd tatest du es"; in anderen Worten, die „Asche" in ein verbotenes Gefäß loswerdend.

und fingst an, über verschiedene Themen zu reden.

Eine Technik der Selbstablenkung und einer Ablenkung der Frau, die in der Vergangenheit oft angewandt wurde.

Während du sprachst, wurdest du dir einer schnell steigenden Ungeduld in bezug auf die Rückkehr ihres Vaters gewahr.

„Steigend" ist ein Wort, das er oft mit einer ganz besonderen Bedeutung benutzte. Er war immer „steigend ungeduldig", bevor „etwas passierte"; und das bezieht sich auf das Ende des Versuches, zu gewinnen. Inkongruente Worte. Welche Wahlmöglichkeit besteht zwischen „der Rückkehr des Vaters" und einer ‚Ejaculatio praecox' in einer verführerischen Situation? Um eine Situation

der Impotenz zu beenden, braucht man irgend-
einen Ausgang, wie tragisch er auch immer sei.

Schnell wurdest du so
ungeduldig,

Dies ist nur eine weitere „ungeduldige" Situation
und wird somit gleichgesetzt mit anderen „unge-
duldigen" Situationen.

daß du das Rauchen
nicht mehr genießen
konntest,

Seine Vergangenheit wiederholt sich. Ist das der
Grund, daß „sie befriedigen" sein Klischee war?

und du warst so ungedul-
dig und verzweifelt,

Diese Worte können nur etwas Lebenswichtigeres
als das Rauchen beschreiben. Sie sind für vergangene Erlebnisse relevant.

daß du, anstatt deine Zi-
garette vorsichtig auszu-
drücken und sie dann in
den Aschenbecher zu
legen,

Der ganze Vorgang hatte keinen Nutzen – er
war nutzlos, hoffnungslos, geladen mit frustrierten
Emotionen.

sie einfach brennend in
den Aschenbecher fallen
ließest,

„Zigarette" und Asche werden sinnlos nur in den
Aschenbecher fallengelassen.

während du weiter mit
der Frau sprachst.

Vergangenheit, in der er auch nur durch Reden
zum Ende kommen konnte.

Die Frau merkte offensichtlich nichts von dem Ge-
schehen,

„Offensichtlich" trägt Hoffnung in sich. Es gibt
Geschehen, und es gibt „das Geschehen", und
dies war ein Geschehen, das seiner verzweifelten
Resignation voranging; einfache Konversation mit
einer Frau zu treiben, die „nichts merkte"; eine
Parallele zu vielen vorangegangenen Momenten.

aber nach einigen Minu-
ten hörtest du plötzlich einen lauten Knack und
wußtest sofort, daß die Zigarette, die du in den
Aschenbecher hattest fal-
len lassen, weiterge-
brannt und das Glas un-
eben erhitzt hatte mit der
Folge, daß es in Stücke
gesprungen war.

„Der Knacks, der nie heilt", war eine Zeile aus
einem Lied, das er oft benutzt hatte, um sadisti-
sche Reaktionen abzureagieren. Er hatte oft seine
wiederholten Anstrengungen und Versagen zu
einer bestimmten Gelegenheit bitter beschrieben
als einen Versuch, „einen Knacks aufzulösen".

Dies tat dir sehr leid,
aber die Frau

Überflüssiges, betontes Superlativ, um extremes
emotionales Gewicht zu übertragen. „Dies" ist
eine Sache, „die Frau" eine andere; wieder eine

	Nebeneinanderstellung von zwei Dingen, die gleichgesetzt werden sollen.
bestand sehr freundlich und großzügig darauf,	Nachgiebig, bereitwillig, bestehend auf, jetzt mütterlich liebenswürdig und verzeihend – von vergangenen Erfahrungen übernommen.
daß es	„Es" bleibt unbenannt.
recht unbedeutend sei,	Die gleiche, bittere ironische Bedeutung wieder wie aus seiner Geschichte. Was er getan hatte, war auch „unbedeutend".
da sie den Aschenbecher ihrem Vater noch nicht geschenkt hatte	Noch mehr ironische Wahrheit. Erst mütterlich, jetzt spricht die Frau für ihren Vater, und somit kombiniert sie in ihrer Nachsicht mütterliche und väterliche Einstellungen.
und er gar nichts davon erfahren würde	„Nichts"; ein Geheimnis muß gewahrt werden, ein schlechtes Geheimnis. „Davon" ist immer noch unbenannt.
und so auch nicht enttäuscht sein könnte.	Eine sehr gespannte Situation rechtfertigt kein solch mildes Wort wie „enttäuscht". „Enttäuscht" ist eine Umschreibung und deutet gleichzeitig an, daß die Situation den Spott des Wortes „unbedeutend" garantiert.
Trotzdem	„Trotzdem" impliziert das Vorhandensein von bestimmten anderen Fakten.
fühltest du dich zunehmend schuldig dafür,	Passende Worte, nur nicht für den oberflächlichen Inhalt.
den Aschenbecher zerbrochen zu haben.	Ein Euphemismus, da „sich zunehmend schuldig fühlen" nicht an einem Aschenbecher festzumachen ist.
Und du fragtest dich,	Wie oft hattest du dich in ähnlich emotional aufgeladenen Situationen „gefragt"?
wie sich ihr Vater	Der Mann der Stärke, Autorität und vorherigen Ansprüche.
wohl fühlen würde,	Nicht denken, sondern „fühlen", da dies Grund zu tiefen Gefühlen gibt.
wenn er jemals davon erfahren würde.	„Jemals … erfahren" ? – hier liegt eine anhaltende Bedrohung drin.
Dein Anliegen war offensichtlich,	Wie oft in der Vergangenheit waren seine Anliegen schon offensichtlich gewesen?

146

und als die Mutter den Raum betrat,

versuchtest du, es ihr zu erklären,

aber sie versicherte dir liebenswürdig,

daß es wirklich nichts ausmachte.

Wie dem auch sei. Du fühltest dich höchst unangenehm, und

dir schien, daß die junge Frau sich ebenso fühlte.

Kurz danach rief der Vater an und ließ ausrichten, daß er für den Rest des Tages wegbleiben müsse;

er bat, dich zu einem späteren Termin bestellen zu dürfen.

Du verließest das Haus gerne, dich sehr elend der ganzen Situation wegen fühlend;

und dir wurde klar, daß du wirklich gar nichts tun konntest.

Jetzt, nachdem du erwacht bist,

Mütterliche Vergeltung, Vergebung oder was sonst?

Du versuchtest es wirklich, hast es immer versucht, aber es endet immer gleich.

Vergebung, nicht Vergeltung; es war auch in der Vergangenheit immer die Vergebung.

Das „Unbedeutende" wird ironischerweise von der Person wiedererwähnt, die am verärgertsten sein sollte.

Eine allgemein gültige Art, etwas auszudrücken, das zu schwerwiegend ist, um es in Worte zu fassen.

Wie andere unbefriedigte Frauen, die ihre Enttäuschung durch mütterliches Verhalten zu verstecken suchten und nicht zu erkennen gaben, daß sie „benutzt" worden waren.

Eine Gnadenfrist, ein Aufschub.

„Er bittet", obwohl er verletzt und ungerecht behandelt wurde in Zusammenhang mit seiner einzigen Tochter. Die ganze Situation strahlt jetzt aus dem Raum auf die soziale und erzieherische Situation aus, dringt und tritt in alles ein und wird „zu einem späteren Termin" fortgesetzt. Es ist noch nicht beendet und reicht unendlich lange bis in die Zukunft hinein.

Das war alles, was es war: Eine „ganze Situation". Ein Wortspiel mit einem anderen Klischee, das er benutzte, wenn er über seine Unfähigkeit bekümmert war.

Eine letzte verzweifelte Wiederholung der Lehren der Vergangenheit.

Die erste „Jetzt"-Situation, die sich in die unmittelbare Zukunft zieht; die Wiederholung dieses „Jetzt" erzeugt die ursprünglich empfängliche Haltung.

wird dir diese ganze
Situation

Das Wortspiel wird in Zusammenhang mit der
unmittelbaren Zukunft wiederholt.

im Gedächtnis sein. Du
wirst nicht bewußt wis-
sen, was es ist, aber trotzdem wird es dich beschäf-
tigen, es wird dich beun-
ruhigen und deine Taten
und deine Sprache bestim-
men, obwohl dir nicht be-
wußt sein wird, daß das
so ist.

Hypnotische Suggestionen, die die Betonung
vorsichtig auf das persönliche Fürwort legen.

Ich habe dir gerade von
einer kürzlichen Begeben-
heit erzählt, und während
ich sie dir schilderte, erinnertest du dich im Detail,
und dir war die ganze
Zeit bewußt, daß ich dir
eine ziemlich genaue
Darstellung der Situation
gab, daß ich die wesent-
liche Geschichte erzählte.

Eine kurze Zusammenfassung der Aktivitäten der
ersten und zweiten Person mit Zuweisung der
Verantwortlichkeiten und Definition der wiederholten Rollen.

Nachdem du erwachst,
wirst du dich an die gan-
ze Geschichte erinnern,
aber dir wird nicht be-
wußt sein, was es ist, dir
wird noch nicht einmal
bewußt sein, was es sein
könnte; aber es wird dich
beunruhigen und deine
Taten und deine Sprache
bestimmen.

Eine letzte Verschiebung aller Taten auf die
zweite Person und eine Wiederholung hypnotischer Suggestionen.

Verstehst du das?

Ein letzter Befehl, Frage und ein Flehen, das an-
deutet, daß es viel gibt, was verstanden werden
muß.

Und du fühlst dich
schlecht wegen dieser
Sache.

Eine einfache Aussage in der Gegenwartsform,
die mit dem zwiespältigen und vorwurfsvollen
Satzteil „dieser Sache" mit solch äußerst unangenehmen Assoziationen endet.

Posthypnotische Erklärungen und Ergebnisse

Nachdem der Patient aus dem Trance-Zustand erwacht war, zeigte sich, daß er totale Amnesie über die Trance-Ereignisse und Suggestionen sowie die Tatsache hatte, hypnotisiert gewesen zu sein. Im Verlauf eines anschließenden Gesprächs des Patienten mit zwei anwesenden Kollegen Ericksons traten in dieser posthypnotischen Phase des Experiments drei allgemeine Arten von Phänomenen auf:

Das erste Phänomen war die Dominanz des implantierten und jetzt unbewußten Komplexes über jeden Gedankengang des Patienten. Obwohl der Patient selber weder eine Anspielung auf den Inhalt der Geschichte machte noch seine Bemerkungen auf eine bewußte Wahrnehmung derselben hindeuteten und er flüssig über mehrere Themen sprach und kein Thema angesprochen wurde, das mit dem Komplex in Zusammenhang stand, zeigte sich, wie Erickson an einer Vielzahl von Beispielen nachweist, daß von dem Patienten jedes angesprochene Thema mit dem Komplex in Zusammenhang gebracht wurde. So berichtete der Patient etwa, wie die Kinder eines Freundes Nippes zerbrochen hatten; von den Fernreisen eines anderen Freundes, der Kunstgalerien und Museen besucht hatte, in denen antike bemalte Vasen ausgestellt waren; und in bezug auf die Bibliothek Ericksons führte er aus, wie ratsam es sei, das persönliche Eigentum zu versichern; und er erzählte auch lachend von einem Freund, der durch eine Sekunde von Unachtsamkeit beim Rauchen fast ein Feuer entfacht hätte. Doch es schien ihm jedes Thema der Konversation schnell unangenehm zu werden, und er wechselte dann wiederholt, fast zwanghaft, zu einer Bemerkung, die mit dem Komplex leicht in Zusammenhang zu bringen war.

Zweitens reagierte er heftig auf einen Keramik-Aschenbecher, den er in der Nähe seines Ellenbogens wahrnahm, wand sich in seinem Stuhl, stammelte, verlor seinen roten Faden, bekam aber seine Haltung wieder zurück, als ein Kollege Ericksons die Verantwortung für das Gespräch übernahm. Infolgedessen konnten Störungen seines Sprachflusses sowie Irrelevanzen, Stammeln, Blockierungen, Verlieren des roten Fadens, Wiederholungen, Beharren auf einigen Gedanken, übertriebene Dring-

149

lichkeit und plötzliche starke Betonungen beobachtet werden. Diese deutlich wahrnehmbaren Verhaltensstörungen des Patienten führt Erickson allerdings nicht auf externe Stimuli zurück, sondern auf die intrapsychische Verfassung seiner Versuchsperson.

Die dritte Art von Phänomenen war fast phobisches, obsessives Verhalten in bezug auf Aschenbecher überhaupt. Reichte man ihm einen soliden, aber dekorativen Aschenbecher, nahm er ihn sehr behutsam und schien ängstlich, ihn zu benutzen. Und erst nach vielen gescheiterten und offensichtlich zwanghaften Versuchen, seine Asche in dem Aschenbecher loszuwerden, verstaute er sie verlegen in seinem Hosenaufschlag. Und wenn es ihm gelang, sie im Aschenbecher abzustreifen, zerdrückte er sie wiederholt mit den Fingerspitzen, als wollte er sichergehen, daß sich keine Funken verbreiten. Trotz dieser Schwierigkeiten akzeptierte er unbekümmert Zigaretten, die ihm angeboten wurden, oder nahm seine eigenen und wiederholte das beschriebene Verhalten während des Rauchens.

Aus diesen hier nur ausschnittsweise und zusammenfassend wiedergegebenen Phänomenen schließt Erickson, daß der Patient den Komplex angenommen und möglicherweise eine künstlich induzierte Neurose entwickelt hatte. „Er wurde daraufhin nochmal hypnotisiert, und während dieser Trance erhielt er die Instruktion, die gesamte experimentelle Situation beim Erwachen zu erinnern und seine Reaktionen, seine Sprache, sein Verhalten und sein Benehmen frei zu diskutieren. Man nahm an, daß anhand dieser Prozedur eine »Beseitigung« des Komplexes beeinflußt werden konnte und der Patient die Situation auf bewußter Ebene wiedererleben und vielleicht Einsichten in seine Reaktionen bekommen könnte."[244]

Nachdem der Patient aufgewacht war, berichtete er ungefragt über den Komplex einschließlich der passenden emotionalen Reaktionen, und zwar so, als sei es eine wirklich vorgefallene unglückliche Begebenheit. Dabei identifizierte er den Vater als jemanden, der die Rolle tatsächlich gespielt haben könnte. Doch als er fertig war, schaute er verwirrt, zeigte große Verwunderung, fing wie aus Erleichterung und Verständnis an zu lächeln und erklärte, das sei nur eine Suggestion gewesen, die Erickson ihm gegeben habe – dazu noch in einer hypnotischen Trance. Dann begann er Teile seiner Konversation und seines Verhaltens zu diskutieren. Dabei ging er in chronologischer Reihenfolge vor, und jeder Punkt half, den nachfolgenden Punkt als frische Erinnerung bewußtzumachen, und erklärte, daß er, als ihm die Geschichte erzählt worden war, wahre Erinnerungen verlagert, ausgearbeitet, gefälscht und in die erfundene Darstellung eingewebt habe, womit er dem Komplex die Realität eines tatsächlichen Erlebnisses verliehen hatte, und die beschriebenen Symptome verschwanden.

„Drei Tage später kam der Patient gut gelaunt in das Büro des Autors und sagte ganz aufgeregt: »Ich kann es!« Als er gefragt wurde, was er damit meine, erklärte er, daß er am vorhergehenden Abend mit einem Mädchen zusammengewesen sei, das auf seine Annäherungsversuche gerne reagiert habe. Wie gewöhnlich hatte er, während er sie küßte, eine Ejakulation gehabt. Aber anstatt mit seinem sonstigen Gefühl des Schams und mit Depression zu reagieren, war sein erotisches Verlangen angestiegen, er hatte seine Erektion beibehalten und den sexuellen Akt vollendet; dies verlängerte sein Vergnügen sehr, und er konnte den Akt während der Nacht wiederholen. Ihm wurde erlaubt, seine Erfahrungen detailliert zu beschreiben, und danach fing er an, den Autor über Herkunft und Gültigkeit dieses Heilmittels zu befragen. Es wurden ihm zurückhaltende Antworten gegeben, und er wurde daran erinnert, daß er in der Vergangenheit nach einem frühzeitigen Samenerguß auch erfolgreich gewesen war. Er protestierte, da könne kein Vergleich gezogen werden zwischen vergangenen Erfolgen und dem des vergangenen Abends, welcher ihm das erste Mal das Gefühl von authentischer sexueller Befriedigung gegeben habe. Seine ganze psychische Einstellung und Reaktion waren komplett neuartig, da er nicht seine sonstigen Gefühle der Angst, des Schams und der Minderwertigkeit verspürt hatte, sondern sich im Gegenteil zuversichtlich, sicher und frei fühlen konnte. Nichtsdestotrotz versetzte ihn die ungläubige Art des Autors in einen entmutigten, zweifelnden Zustand, in dem er das Büro verließ."[245]

Tage danach kam er erneut in guter Stimmung und behauptete, Erickson habe sich getäuscht, und er belegte anhand einer erneuten Erfahrung mit einem Mädchen ausführlich, daß er geheilt und damit seine Heilung bestätigt sei. Im Anschluß an die Darstellung wurde er von Erickson gefragt, was er für eine Erklärung für die Veränderung in ihm habe. Und er erwiderte, daß es keine Erklärung gebe, weil er offensichtlich seine Konflikte spontan gelöst habe und damit zufrieden sei und nun die Dinge auf sich beruhen lasse, wie sie seien. Daraufhin schlug Erickson ihm vor, sich still hinzusetzen und hart nachzudenken, seine Gedanken nach Belieben wandern zu lassen, und während er das tue, seine verschiedenen Emotionen, die er so oft in Verbindung mit seinen vorzeitigen Samenergüssen erlebt hatte, zu erinnern. Nach einer gewissen Zeit erinnerte er dann seine Reaktionen nach der Prozedur und brachte die Überwindung der affektiven Anteile der Reaktionen mit den affektiven Anteilen seines Problems in Verbindung, allerdings ohne die Neurosen vollständig verbinden zu können. Dazu war seine bewußte Abwehr ganz offensichtlich zu stark.

„Mehr als ein Jahr ist seit dieser experimentellen Prozedur vergangen. Während der ersten paar Monate frönte er bei jeder Gelegenheit frei seinen sexuellen Beziehungen, ohne daß das Symptom wieder auftrat. Dann, nach einer Zeit der Abstinenz, entwickelte er wieder frühzeitige Samenergüsse, aber ohne die vorherigen emotionalen Begleiterscheinungen und ohne den Verlust der Erektion; und jedesmal konnte er den sexuellen Akt befriedigend beenden. Während der letzten paar Monate hatte er entdeckt, daß die reine Erinnerung an das experimentelle Prozedere ausreiche, einen frühzeitigen Samenerguß zu verhindern, und daß es dann möglich ist, normal zu funktionieren. Er fühlt sich in keiner Weise behindert, ist sehr zufrieden mit seinem Sexualleben und hat keine anderen neurotischen Symptome entwickelt."[246]

Hinweise auf weitergehende Untersuchungen

In seinen Vorschlägen für weitergehende Untersuchungen weist Erickson zunächst darauf hin, daß aus einem einzigen Fall, der mit einer neuen experimentellen Herangehensweise behandelt wurde, keine generellen Schlußfolgerungen in bezug auf die Neurose einer Ejaculatio praecox oder deren Therapie gezogen werden könne und die vorgestellte Prozedur auch keine mögliche Lösung eines solchen Problems darstelle. Vielmehr sei es sein Anliegen gewesen, die Aufmerksamkeit auf die

Durchführbarkeit des Gebrauchs von Hypnose als mögliche fruchtbare Technik für eine Laboruntersuchung der Dynamik des menschlichen Verhaltens zu lenken – und bis ein besseres Verständnis der involvierten Prozesse erreicht werde, seien die therapeutischen Aspekte einer solchen experimentellen Untersuchung zweitrangig.

Obwohl Hypnose erfolgreich in experimenteller akademischer Arbeit angewendet wird, sei die Tendenz beobachtbar, Hypnose als Forschungsinstrument in der Studie von psychodynamischen Problemen zu übersehen. Seine Untersuchung zeige nun aber auf, daß hypnotische Maßnahmen produktiv benutzt werden können, um dynamische Reaktionen auszulösen und psychologische Prozesse zu manipulieren. Auch wenn man keine allgemeinen Schlüsse aus der Studie ziehen könne, garantiere er bestimmte besprochene Schlußfolgerungen und Hypothesen bezüglich der involvierten mentalen Mechanismen, der entwickelten dynamischen Beziehungen und der Methoden, um Verhalten und affektive Reaktionen zu bestimmen oder zu beeinflussen. Diese würden aber eindeutige Probleme nahelegen, die weitere Forschung erforderlich machen.

Als erstes dieser Probleme nennt Erickson das Herausarbeiten einer Technik zur Entwicklung einer experimentellen Neurose in einem menschlichen Subjekt für eine Laboruntersuchung. Seine Untersuchung sei in dieser Hinsicht teilweise unbefriedigend gewesen, da das Subjekt ein hohes Niveau an Wissen gehabt habe. Trotz dieses Faktums und der von ihm selbst als primitiv bezeichneten Methode, legen die Ergebnisse der Studie klinisch signifikante und experimentelle Möglichkeiten nahe. Ungeachtet dessen, so Erickson, sei sie mit einem unwissenden Subjekt mit einfacherem Persönlichkeitsproblem zu wiederholen, etwa mit einer leichten Phobie und genauerer Untersuchung der Ursachen des Symptoms, um die experimentellen Resultate erhellen zu können. Erst durch diese Prozedur könne dann möglicherweise die Anerkennung der Wechselbeziehungen zwischen Konflikten und dem Einfluß eines Komplexes auf einen anderen erreicht werden.

Als weitere Möglichkeit benennt Erickson das Studium des Konzepts der Abreaktion. Eine verbesserte Technik, ähnlich der, die von ihm eingesetzt wurde, aber nunmehr kontrolliert durch anhaltende Beobachtung des Subjektes und Zentrierung seines Verhaltens auf Aktivitäten, die weniger mit affektiven Werten und sozialen Implikationen ausgestattet sind als im vorliegenden Fall, könnte eine mögliche Annäherung an die experimentelle Untersuchung der Natur, der Mechanismen und der Methoden zur Induktion von abreaktiven Prozessen sein. Das Gegenstück zur experimentell induzierten Abreaktion ist nach Erickson das Ausleben von Phantasien in der psychoanalytischen Prozedur, deren klinische Resultate die Durchführbarkeit von Studien zur Abreaktion im laboratorischen Setting nahelege.

Ein anderer Aspekt, der untersucht werden müsse, wäre der einer Technik, durch die das Subjekt veranlaßt werden könne, das Material selbst auszusuchen, das erforderlich wäre, um den Komplex zu formulieren, weil das Experiment gezeigt habe, daß das Subjekt eine solche Selektion vorgenommen habe, da es offensichtlich nicht auf den in der Geschichte symbolisierten Ödipuskomplex und die Schwester-Inzest-Situation reagierte.

Das Verhalten des Patienten während des Experiments gebe auch Grund zu der Annahme, daß affektive Reaktionen konditioniert werden können, ähnlich dem Konditionieren neuromuskulärer Reaktionen. Dies könne eventuell erreicht werden, wenn man tiefe Auswirkungen hervorrufe und eine direkt folgende Sequenz eine zweite emotionale Situation etabliere. Das könne etwa durch eine signifikante heterosexuelle Situation, aus der ein spezieller emotionaler Zustand hervorgehe, ermöglicht werden. Mit einem solchen Experiment, indem man Sequenzen aufschreibe, etwa die Richtung, Methoden des Ausdrucks und Zwecke, denen gedient wird, könne man möglicherweise Informationen bezüglich des Ursprungs, der Zuordnung und der Wechselbeziehungen zwischen emotionalen Reaktionen gewinnen.

„Ein Versuch, die Probleme der Symbolisation zu lösen, wird ebenfalls durch diesen Bericht unternommen. Die Rolle der Ähnlichkeit der Auswirkungen im Produzieren von symbolischen Werten kann aus dem Bericht des Patienten über seine Genesung gefolgert werden. Experimente, die darauf angelegt sind, ähnlich affektive Töne an unterschiedlichen Objekten oder Konzepten festzumachen, könnten eventuell Informationen bezüglich der Entwicklung von symbolischen Entsprechungen hervorbringen. Um das zu illustrieren, kann das vorliegende Experiment wiederholt werden, indem man die Auswirkungen des

Ödipuskomplexes hervorruft, gefolgt von einer zweiten emotionalen Situation, die um eine erarbeitete Rolle von Autorität, die durch das Subjekt ausgefüllt wird, zentriert ist. Das Aussprechen der einen Situation mit den Worten der anderen würde wahrscheinlich das Bestehen von symbolischen Werten anzeigen. Oder, wenn die Symbolisation des Patienten aus den Assoziationen und den Beziehungen der Gedanken, die ihm suggeriert wurden, entstanden, könnten experimentelle Prozeduren, die auf zeitlicher Nachbarschaft und Assoziation von Gedanken beruhen, relevante Ergebnisse erzielen."247

Ein anderes Problem bewegt sich nach Erickson um die Frage der Entwicklung von Einsicht sowie der Faktoren, die das Wachstum der Einsicht kontrollieren, des Einflusses der Einsicht auf mentale Strukturen und ihrer Funktion in der psychischen Ökonomie. Sein Patient habe erhaltene Einsichten studiert, und zwar einige davon komplett, andere teilweise, vermutlich als Resultat der Prozedur und seines eigenen Verhaltens. Die gleiche Technik mit einer durchgehenden Beobachtung des Subjektes und einem objektiven Bericht seines Verhaltens vor, während und nach dem Experiment könnte dazu führen, eine Anerkennung fortschreitender Manifestationen von Einsicht zu erreichen. Außerdem sei zu bedenken, bestimmte Teile der Prozedur auszulassen, Sequenzen im experimentellen Verhalten zu verändern oder neue Maßstäbe für die relative Wichtigkeit der verschiedenen Schritte zu bestimmen. So sei etwa zu fragen, was das Ergebnis gewesen wäre, wenn der Patient über die experimentelle Prozedur durch den Autor informiert worden wäre, anstatt es selbst zu erinnern?

Zusammenfassung

Ein 25jähriger Psychologe, der Erickson schon häufiger als Versuchsperson für Experimente zur Verfügung gestanden und im Verlauf dieser Arbeiten gelernt hatte, künstliche Komplexe in seine Psyche aufzunehmen, bat Erickson, ihn wegen Ejaculatio praecox zu behandeln. Doch Erickson vertröstete ihn mit dem Hinweis, er denke darüber nach, was eine gewisse Zeit dauern werde, und rege ihn deshalb an, einen anderen

Psychiater aufzusuchen. Dann wechselte Erickson das Thema und bittet ihn, an einem schon länger geplanten und in den nächsten Monaten stattfindenden Experiment teilzunehmen, und der Psychologe willigte ein. Im Verlauf der später erfolgten experimentellen Prozedur wurde dem Patienten eine weitere Neurose durch einen hypnotisch implantierten Komplex induziert mit dem Ziel, die von ihm beklagte Neurose zu symbolisieren oder zu paralysieren, ohne daß der Psychologe bewußt Kenntnis davon hatte. Als Ergebnis dieser Prozedur schien eine Identifikation des induzierten Konfliktes mit der beklagten Neurose und eine Verschmelzung ihrer affektiven Reaktionen aufzutreten. Nachdem die Versuchsperson dazu gebracht worden war, sich an den Komplex zu erinnern, abzureagieren und Einsicht in den suggerierten Konflikt zu gewinnen, stellte Erickson fest, daß eine klinische Genesung von der beklagten Neurose erreicht wurde und der Psychologe auch ein Jahr später noch fähig war, ein normales Sexualleben zu führen. Im Verlauf der Erörterung der Prozedur und ihrer Ergebnisse wurden von Erickson die den Ergebnissen zugrundeliegenden psychologischen Prozesse und Mechanismen ausdrücklich als experimentell qualifiziert, die Fundiertheit der therapeutischen Resultate relativiert und die Praktizierbarkeit von Hypnose als Prozedur bei der Analyse von Persönlichkeitsstörungen hervorgehoben. Abschließend verweist Erickson auf Probleme, die sich während der Studie und ihrer Auswertung zeigten, regt weitergehende Untersuchungen der Durchführbarkeit des Gebrauchs von Hypnose als mögliche fruchtbare Technik für eine Laboruntersuchung der Dynamik des menschlichen Verhaltens an und betont, daß therapeutische Aspekte einer solchen Untersuchung zweitrangig seien, bis ein besseres Verständnis der involvierten Prozesse erreicht werde.

A-2 Metaphorische Sprachmuster

Erickson benutzte in seiner Hypnotherapie die Sprache sehr systematisch und auf ungewöhnliche, besonders effektive Weise. Seine (sogenannten) hypnotischen Sprachmuster wurden erstmals in dem Buch „Patterns of the Hypnotic Techniques of Milton H. Erickson, M.D., Vol. I (1975)"[248] von Richard Bandler und John Grinder zusammengefaßt publiziert. Die dritte und letzte Gruppe dieser Sprachmuster, die metaphorischen Sprachmuster, ist nach Grinder und Bandler[249] ganz besonders bei metaphorischer Kommunikation wirksam und sollte jedem verfügbar sein, der erfolgreich Geschichten erzählen möchte.

1. Punktuelle Grenzüberschreitungen

Unter punktueller Grenzüberschreitung fassen Grinder und Bandler die Zuweisung von Eigenschaften an jemanden oder etwas, der oder das diese Eigenschaften nicht besitzen kann. Berichten Sie beispielsweise jemandem von einem traurigen Felsen oder von einem schwangeren Mann, verletzen Sie (gewisse) logische Grenzen, weil Felsen keine Gefühle haben und Männer nicht schwanger werden. Ungeachtet dessen wird Ihr Zuhörer bemüht sein, dem einen Sinn zu geben, und zwar wahrscheinlich, indem er die Geschichte auf sich selbst bezieht. „Ein Felsen kann nicht traurig sein – also muß es um mich gehen." Dieser Prozeß laufe nicht bewußt ab, es sei eine automatische Entschlüsselung dessen, was der andere sage.

2. Zitate

Dieses Sprachmuster entsteht nach Grinder und Bandler, indem man eine Aussage, die man jemand gegenüber machen möchte, so formuliert, als ob man darüber berichtet, was eine andere Person einmal bei anderer Gelegenheit sagte. Diese Art von Zitaten wird benutzt, um eine Botschaft zu senden, ohne die Verantwortung für sie zu übernehmen. Da Sie offensichtlich von etwas sprechen, was jemand anders gesagt hat, reagiert der Zuhörer in der Regel auf die Botschaft, kann aber (bewußt) nicht wahrnehmen, worauf er reagiert und wer für die Botschaft verantwortlich zeichnet. So können Sie etwa jemand von einem Schüler Ericksons erzählen, der Hypnose lernen wollte. Er hört, was Erickson über Hypnose erzählt, und glaubt, er wisse nun Bescheid. Dann aber dreht sich Erickson zu ihm um und sagt betont: „Sie werden erst dann wirklich Bescheid wissen, wenn Sie jeden einzelnen Schritt gründlich geübt haben.“

A-3 Skizze der NLP-Ausbildung

Mit der Entwicklung des NLP und dem wachsenden Interesse an diesem Konzept bildete sich bereits in den 70er Jahren die strukturelle und inhaltliche Gestaltung der heutigen NLP-Ausbildung[250] heraus, die international weitgehendst vereinheitlicht ist und von den nationalen Vereinigungen der NLP-Anwender durch Setzung nationaler Richtlinien übernommen oder entsprechend regionaler Besonderheiten angepaßt wird.

In Deutschland hat die GANLP e.V. (German Association for Neuro-Linguistic Programming) entsprechende Richtlinien für die Ausbildung vorgegeben und durchgesetzt, die von dem ÖDV-NLP (Österreichischer Dachverband für Neuro-Linguistisches Programmieren) und der HANLP (Helvetic Association for Neurolinguistic Programming) sowie dem im November 1996 als Nachfolgeorganisation der GANLP e.V. und der DGNLP e.V. (Deutsche Gesellschaft für Neuro-Linguistisches Programmieren) etablierten DVNLP e.V. (Deutscher Verband für Neuro-Linguistisches Programmieren) übernommen wurden. Danach weist die Ausbildung[251] gemäß internationalem Standard drei Stufen auf, die additiv zu absolvieren sind, und ermöglicht auf jeder Stufe (nach einem Testing) einen qualifizierten Abschluß.

Level 1: NLP Practitioner

Die Practitioner-Ausbildung bewirkt im wesentlichen die Integration der NLP-Grundannahmen in das eigene Verhalten und befähigt dazu, Basistechniken des NLP zu verwenden.

➤ Mindestens 130 Stunden Training, verteilt auf mindestens achtzehn Tage; zwanzig Prozent des Trainings können von einem anderen Ausbilder unter der Supervision eines NLP-Lehrtrainers durchgeführt werden, mindestens achtzig Prozent müssen von dem NLP-Lehrtrainer selbst durchgeführt werden; es werden zudem fünfzehn Stunden berufsbezogene Supervision empfohlen.

Level 2: NLP Master-Practitioner

Die Master-Ausbildung ist auf Erweiterung der Kompetenz bei Handhabung der Basistechniken gerichtet. Darüber hinaus soll der Master-Practitioner NLP-Techniken kombiniert und flexibel anwenden können, sich fortgeschrittene NLP-Techniken aneignen und diese integrieren, und er soll auch die Qualifikation für die Eigenentwicklung von NLP-Techniken erwerben.

➤ Mindestens 130 Stunden Training, verteilt auf mindestens achtzehn Tage; zwanzig Prozent des Trainings können von einem anderen Ausbilder unter der Supervision eines NLP-Lehrtrainers durchgeführt werden, mindestens achtzig Prozent müssen von dem NLP-Lehrtrainer selbst durchgeführt werden; obligatorisch sind zudem fünfzehn Stunden berufsbezogene Supervision durch einen Lehrtrainer.

Level 3: NLP-Trainer

Das Trainer-Training beinhaltet im wesentlichen das NLP-Trainings- und Übungsdesign, Strukturierung, die Arbeit mit Gruppen, die NLP-Techniken der Präsentation, Chunking, Sequencing und Evaluation.

➤ Mindestens 130 Stunden Training, verteilt auf mindestens achtzehn Tage, das zwei voneinander unabhängige NLP-Lehrtrainer durchführen müssen. Obligatorisch sind zudem fünfzehn Stunden berufsbezogene Supervision durch einen Lehrtrainer.

Ausbildungsberechtigt sind in Deutschland nur anerkannte NLP-Lehrtrainer. NLP-Lehrtrainer ist, wer drei Jahre mit NLP gearbeitet hat, nach der Graduierung zum NLP-Trainer noch bei mindestens einer NLP-Practitioner und Master-Practitioner Ausbildungsgruppe assistiert hat und zwanzig Stunden Coaching oder Eigentherapie bei einem NLP-Lehrtrainer oder einer vergleichbaren humanistischen Psychotherapieform nachweist.

Ergänzend wird derzeit durch die mit dem DVNLP und dem DVP e.V. (Schulen- und Berufsübergreifender Deutscher Dachverband für Psychotherapie) assoziierte DG-NLPt e.V. (Deutsche Gesellschaft für Neuro-Linguistische Psychotherapie) ein Ausbildungskonzept erarbeitet, das im besonderen für das psychotherapeutische Feld qualifizieren wird, um dort das NLP als Kurzzeittherapie allgemein anerkannt zu etablieren.

Die NLP-Ausbildung bewirkt bei den Absolventen insbesondere die Integration der Philosophie des NLP, etwa die Integration der Perspektive der konstruktivistischen Idee, und erst vor diesem Hintergrund die Aneignung der NLP-Techniken, die ohne den philosophischen Kontext des NLP und seine Epistemologie keine Wirksamkeit entfalten können. Als bedeutsamer Effekt der NLP-Ausbildung gilt die dramatisch-positive Veränderung der Wahrnehmungsfähigkeit[252] und der Fähigkeit zur Unterscheidung von inneren und äußeren Sensationen bei den Teilnehmern. Und die organisatorische und inhaltliche Gestaltung der NLP-Ausbildung leistet einen Beitrag dazu, daß Menschen lernen, auf ihren eigenen Füßen zu stehen und ihren persönlichen Anschauungen zu vertrauen, daß alle Aussagen nur eine endliche Reichweite haben, und stets so zu handeln, daß die Zahl der Möglichkeiten wächst (ethischer Imperativ), wie der Philosoph und Physiker Heinz von Foerster[253] sagt, der uns auffordert, die Vielzahl der Möglichkeiten zu bedenken: „Wir sind frei zu wählen, wir sind frei, uns zu entscheiden. Es gibt nicht irgendeine absolute Wahrheit, die einen zwingt, die Dinge so und nicht anders zu sehen, so und nicht anders zu handeln." Damit manifestiert sich ein ethisches Grundprinzip, durch das Freiheit ermöglicht wird und entsteht.

Charakteristisch für die methodische Gestaltung der NLP-Ausbildung ist die Demonstration der Lerngegenstände durch den NLP-Lehrtrainer (Modelling-Effekt der NLP-Ausbildung) und die anschließende Arbeit in Kleingruppen, in denen sich die Teilnehmer die Ausbildungsinhalte aus verschiedenen Wahrnehmungspositionen (A:B/C-Position) aneignen (3-dimensionaler Lerneffekt). Dabei ist die A-Position reserviert für den Beratenen, die B-Position nimmt der Berater ein und die C-Position ein (neutraler) Beobachter, der als Supervisor für den Berater fungiert und nach Abschluß einer Sequenz einen Meta-Kommentar (Feedback) gibt.

Der Ausbildung liegt ein viergestuftes Konzept zugrunde, das von den Teilnehmern idealtypisch durchlaufen wird.[254] Dabei schreiten die Teilnehmer von der unbewußten Inkompetenz (sie kennen die Lerngegenstände nicht) zur bewußten Inkompetenz (sie kennen die Lerngegenstände, können sie aber noch nicht anwenden) und von der bewußten Kompetenz (sie können die Lerngegenstände bewußt anwenden) zur unbewußten Kompetenz (sie haben die Lerngegenstände in ihr Verhalten integriert). Vom Ergebnis her betrachtet, integrieren die Teilnehmer einer NLP-Ausbildung also (idealtypisch) die Philosophie des NLP und die Methoden in ihr Verhalten und arbeiten damit so kongruent und selbstverständlich, wie sie andere Dinge in ihrem Leben tun.[255]

Die Ausbildung wird als qualifizierte Fort- und/oder Weiterbildung meist im Wochenendformat (Freitag bzw. Samstag bis Sonntag) angeboten, teils aber auch im Wochenformat, also montags bis freitags und/oder als Kompaktkurs. Anbieter sind regionale NLP-Institute und freiberufliche NLP-Lehrtrainer, die ein flächendeckendes Angebot gewährleisten und über die NLP-Ausbildung hinaus regelmäßig auch thematische Seminare zu spezifischen Fragestellungen durchführen.

Die mit dem DVNLP assoziierten NLP-Lehrtrainer sind verpflichtet, Ausbildungen, die gemäß den Richtlinien des DVNLP durchgeführt wurden und mit dem DVNLP-Siegel zertifiziert sind, wechselseitig anzuerkennen. So ist gewährleistet, daß sich die Ausbildung an nationalen und internationalen Standards orientiert und die Interessenten nicht auf ein bestimmtes Institut bzw. einen bestimmten NLP-Lehrtrainer festgelegt sind. Doch jenseits formaler Standards gilt eben auch für die NLP-Ausbildung, daß sie mit der Qualifikation, der berufspraktischen Erfahrung und nicht zuletzt mit der Persönlichkeit des NLP-Lehrtrainers steht und fällt, das heißt, inwieweit der Lehrtrainer die Grundlagen des NLP sowie das NLP-Konzept selbst integriert hat und damit auch kongruent vermitteln kann.

Quellen und Anmerkungen

1 Fowles 1992, S. 587 ff.
2 Vgl. Bandler, in: Gordon 1992, S. 9.
3 Vgl. Bateson 1992, S. 248.
4 Vgl. zur Präzisierung und Abgrenzung der Kategorien Esoterik und Exoterik die „Einführung in die Lehre vom Denkstil und Denkkollektiv" von Fleck 1993.
5 Vgl. Herzog 1983, S. 301.
6 Vgl. Hoffmeister 1955, S. 402.
7 Vgl. Dilts 1993a, S. 225.
8 Vgl. O'Connor/Seymour 1993, S. 343.
9 Vgl. O'Connor/Seymour 1993, S. 200.
10 Vgl. Gordon 1992, S. 17.
11 Vgl. dazu bspw. Kopp 1985.
12 Gordon 1992, S. 17.
13 Vgl. Gordon 1992, S. 16.
14 Vgl. Gordon 1992, S. 18.
15 Vgl. O'Connor/Seymour 1993, S. 140.
16 Vgl. O'Connor/Seymour 1993, S. 297.
17 Vgl. Briggs/Peat 1993, S. 97.
18 Vgl. Gordon 1992, S. 17 f.
19 Vgl. Stahl 1992, S. 9.
20 Vgl. zum Begriff der Metapher bei Bandler und Grinder den Hinweis von Stahl 1994a, S. 54.
21 Vgl. Bateson 1992, S. 275.
22 Vgl. Cameron-Bandler 1987, S. 134.
23 Diesen Hinweis finden Sie stets so oder ähnlich in der NLP-Fachliteratur, wenn es um Metaphern geht (vgl. bspw. Gordon/Meyers-Anderson o.J., S. 183).
24 Vgl. Gordon 1992, S. 17.
25 Vgl. bspw. Stahl 1994a, S. 49.
26 Ergänzend sei darauf hingewiesen, daß seit Ende 1997 eine spezielle NLP-Forschungsdatenbank im World Wide Web des Internet (http://www.nlp.de/research) existiert. Die dort erfaßten nahezu zweihundert wissenschaftlichen Arbeiten (Stand: Anfang 1998) wurden von PD Dr. Daniele Kammer, Universität Bielefeld, zusammengestellt, die den Bestand der Datenbank fortlaufend aktualisieren wird.

27 „Eines der wichtigsten Ergebnisse, auf das wir in »Struktur der Magie«, Band I, gekommen sind, ist, daß die Landkarte sich notgedrungen von dem Gebiet, das sie darstellt, unterscheidet und daß sich jede Landkarte von allen anderen in irgendeiner Weise unterscheiden wird." (Grinder/Bandler 1984, S. 12); vgl. auch Korzybski 1980; Watzlawick 1990, 1991; Watzlawick/Kreuzer 1991; Hücker 1995, S. 117 ff.

28 Wilson 1993, S. 133.

29 Vgl. Stahl 1988b, S. 67.

30 Vgl. Grinder/Bandler 1987, S. 43 f.

31 Vgl. Stahl 1992, S. 7 f.

32 Dilts u.a. (1985, S. 32) betonen, NLP sei auch nur ein Modell der Welt und verzerre mit seinen Filtern die Wirklichkeit, gleichzeitig jedoch eine „anwendungsorientierte Metapher" für flexibles Verhalten.

33 Vgl. zum Menschen- und Weltbild des NLP auch Weerth 1992, S. 17 f.

34 Dilts (1993b, S. 4) weist stets nur zwei Grundannahmen aus: „1. Die Landkarte ist nicht das Gebiet. 2. Das Leben und das Gehirn sind ganzheitliche Prozesse" (so auch Dilts/Epstein 1992a, S. 1, 24) Aus der Kombination dieser beiden Annahmen sind nach Dilts (1993b, S. 4) alle Modelle und Techniken des NLP entstanden.

35 Vgl. Stahl 1992, S. 14 ff.; vgl. auch Bandler/Grinder 1985b, S. 167, und Hücker 1995, S. 127 f.

36 Vgl. Dilts/Epstein 1992b, S. 16.

37 Vgl. bspw. Bandler/Grinder 1985b und 1985c; Stahl 1988a und 1988b; Mohl 1993.

38 Vgl. Bandler/Grinder 1985a, Jochims 1995.

39 Vgl. Bandler/Grinder 1985a, S. 41.

40 Vgl. Grinder/Bandler 1987, Bandler/Grinder 1996.

41 Vgl. Grinder/Bandler 1987, S. 43 f.

42 Vgl. Grinder/Bandler 1987, S. 316.

43 Vgl. bspw. Grinder/Bandler 1987, S. 316, Ötsch/Stahl 1997, S. 131.

44 Vgl. hierzu den Hinweis in Cameron-Bandler 1987, S. 134 f.

45 Die Feedbackmethode ist nach meinem Kenntnisstand in der NLP-Fachliteratur noch nicht dokumentiert; sie wird also ausschließlich im Rahmen der NLP-Ausbildung vermittelt.

46 Vgl. Dilts/Epstein 1993.

47 Vgl. Weerth 1992, S. 121 ff.

48 O'Connor/Seymour 1993, S. 130 ff.

49 Vgl. Dilts/Epstein 1992b, S. 5.

50 Vgl. Weerth 1992, S. 123 f.; Dilts/Epstein 1993.

51 Hier als Idee des Konstruktivismus der zweiten Ordnung, mithin der Aspekt der Wirklichkeit, durch den den (wissenschaftlichen) Fakten (der ersten Ordnung) Sinn, Bedeutung und Wert zugeschrieben wird. (Vgl. Watzlawick 1990, S. 142 ff., und Watzlawick 1991, S. 217 ff.)

52 Vgl. Watzlawick/Kreuzer 1991, S. 9.

53 Vgl. hierzu die Ausführungen des Anthropologen Bateson (1993, besonders S. 40 ff.), sowie des Neurologen Sacks (1992, S. 154), der betont, daß jeder von

uns eine Lebensgeschichte habe, eine Art innerer Erzählung, deren Gehalt und Kontinuität unser Leben sei. Man könne sagen, daß jeder von uns eine „Geschichte" konstruiere und lebe. Diese Geschichte seien wir selbst, sie sei unsere Identität. Biologisch und physiologisch unterschieden wir uns nicht sehr voneinander – historisch jedoch, als gelebte Erzählung, sei jeder von uns einzigartig.

54   Vgl. zu den Wurzeln des NLP besonders Dilts 1983.

55   Vgl. Dilts/Epstein 1992a, S. 1.

56   Vgl. Dilts u.a. 1985 sowie Dilts 1993a, S. 225 f.

57   Dilts u.a. 1985, S. 36.

58   Vgl. Bandler/Grinder 1985b, S. 228.

59   Strategien sind formale Muster oder besser Sequenzen sinnesspezifischer Repräsentationen, die zumeist unterhalb der Schwelle des Bewußtseins ablaufen und vom Subjekt oftmals generalisierend genutzt werden, etwa das Öffnen einer Tür, grundsätzlich von einem zum anderen Subjekt weitergegeben werden können, bspw. wenn ein KFZ-Meister einem Auszubildenden zeigt, wie bei einem Fahrzeug das Öl gewechselt wird, und optimierbar sind. Neuro-Linguistische Programmierer können diese formalen Muster mit einer spezifischen Syntax (Notation) in einem Schema erfassen, das als TOTE (Test – Operate – Test – Exit) bezeichnet wird (vgl. Miller/Galanter/Pribram 1991), um sie anderen Menschen verfügbar zu machen oder zu optimieren, damit der Klient ein gewünschtes Resultat erzielen kann. (Vgl. Dilts u.a. 1985, S. 45 ff.)

60   Vgl. Dilts u.a. 1985, S. 75; vgl. hierzu auch Cameron-Bandler 1987, S. 85, 86, 121, und Dilts 1993a, S. 221, der auf den verschiedenen logischen Ebenen drei Arten der Veränderung unterscheidet: 1. die evolutionäre Veränderung, das ist die Veränderung auf der Identitätsebene, 2. die generativen Veränderungen, das sind die Veränderungen auf den Ebenen des Glaubens und der Fähigkeit sowie der Erlaubnis und der Richtung, und 3. die kurierenden Veränderungen als Veränderungen auf den Ebenen des Verhaltens und der Umgebung sowie der Aktionen und Reaktionen. Als Nebeneffekt generativer Veränderungen wird ein vom Subjekt als kritisch beklagtes Verhalten oftmals durch die neuen Verhaltensoptionen überlagert und bleibt fortan ungenutzt – ganz so, als stünde es ihm überhaupt nicht mehr zur Verfügung. (Vgl. Stevens, in: Bandler/Grinder 1985b, S. 14 f.)

61   Vgl. Stahl 1988b, S. 25 ff. – eine „Kurzform der Schritte" dieses Modells finden Sie a.a.O. auf S. 72 f.; vgl. auch Stahl 1992, S. 69 ff.

62   Vgl. Rückerl 1994, S. 156.

63   Vgl. Grinder/Bandler 1987, S. 34.

64   Vgl. Stahl 1988b, S. 69.

65   Vgl. Grinder/Bandler 1987, S. 132.

66   Grinder/Bandler 1987, S. 266.

67   Vgl. Stahl 1992, S. 17.

68   Vgl. Grinder/Bandler 1987, S. 266.

69   Cameron-Bandler 1987, S. 135 f.

70   Vgl. Cameron-Bandler 1987, S. 139.

71   Vgl. Gordon 1992, S. 145.

72   Vgl. zur Verwendung von Metaphern in der Familientherapie auch Barretta in Bretto u.a. 1997, S. 79 ff.
73   Vgl. Laborde 1991, S. 81.
74   Laborde 1991, S. 88 f.
75   Vgl. Laborde 1991, S. 93.
76   Gordon/Meyers-Anderson o.J.-1981, S. 142.
77   Vgl. ergänzend hierzu, etwa zur Verwendung von Metaphern zur Leistungssteigerung, auch Marshall in Bretto u.a. 1997, S. 210 ff.
78   Vgl. Grinder/Bandler 1987, S. 114 f.
79   Vgl. zur Technik der Doppelinduktion auch Bandler und Grinder 1996, S. 82 f.
80   Vgl. Grinder/Bandler 1987, S. 113.
81   Vgl. Grinder/Bandler 1987, S. 112.
82   Grinder/Bandler 1987, S. 112.
83   Vgl. Grinder/Bandler 1987, S. 115.
84   Vgl. Castaneda 1981, S. 243 ff.
85   Castaneda 1981, S. 243.
86   Castaneda 1981, S. 250.
87   Vgl. Grinder/Bandler 1987, S. 115.
88   Vgl. Andreas/Andreas 1993, S. 386.
89   Vgl. Grinder/Bandler 1987, S. 115 f.
90   Vgl. Kluczny 1993, S. 33 ff.
91   „Utilisation" bedeutet vor allem, daß es am besten ist, Techniken vom Patienten herzuleiten und nicht vom Therapeuten. Jede Technik, die der Patient darauf verwendet, ein schlechter Patient zu sein, kann dem Therapeuten dazu dienen, die Lebenstüchtigkeit des Patienten zu unterstützen. Wenn der Patient zum Beispiel »schizophren redet«, um Distanz zu seinem Gegenüber zu gewinnen, dann kann der Therapeut dieselbe Methode dazu verwenden, eine empathische Beziehung zu ihm herzustellen. Utilisation besagt, daß man besser nicht versucht, den Patienten einer zuvor schon ausgewählten Technik anzupassen, sondern daß man die Psychotherapie für jeden Patienten maßschneidern sollte (...)." (Zeig 1995, S. 60.)
92   „Wir haben nicht ohne Grund fünf Sinne. Sie alle sind Ressourcen. Das heißt, jede Sinnesmodalität kann Informationen aufnehmen, die den anderen nicht zur Verfügung stehen. Wir können Dinge hören, die wir nicht sehen oder fühlen können; wir können Dinge sehen, die wir nicht fühlen, hören oder riechen können; wir können Dinge riechen, die wir nicht hören oder sehen können; wir können Dinge fühlen, die wir nicht sehen, hören oder riechen können usw. ... Es gibt viele Situationen, in denen Sie keinen Ausweg sehen, viele Situationen, in denen Sie nicht sprechen, hören oder schreien können, und Situationen, aus denen Sie keinen Ausweg „erfühlen" können usw." (Dilts u.a. 1985, S. 146.)
93   Vgl. Grinder/Bandler 1987, S. 117.
94   Vgl. O'Connor/Seymour 1996, S. 109 ff. (– im Original: S. 75 ff.)
95   Grinder/Bandler 1987, S. 118.
96   Vgl. Grinder/Bandler 1987, S. 120.
97   Vgl. Andreas/Andreas 1993, S. 385 f.

98   Vgl. Grinder/Bandler 1987, S. 120 f.
99   Gordon/Meyers-Anderson o.J.-1981, S. 38.; vgl. hierzu auch die systematische
     Erörterung des Themas Humor von Bateson 1992, S. 272, Bateson 1993, S. 146 f.
100 Gordon/Meyers-Anderson o.J.-1981, S. 44.
101 Stahl 1992, S. 103.
102 Stahl nutzt hier eine von ihm selbst entwickelte (und seinen Schülern vermittelte)
     Terminologie, die für Neuro-Linguistische Programmierer anderer Schulen teil-
     weise unverständlich ist – etwa wenn er einen Zustand als Versöhnungsphysiolo-
     gie markiert, den Bandler und Grinder als prozessualen Wechsel von sympathi-
     kusaktivierter zu parasympathikusaktivierter Physiologie bezeichnen. (Vgl. Stahl
     1988b, S. 20.)
103 Vgl. Stahl 1992, S. 104.
104 Gordon und Meyers-Anderson nutzen eine andere Systematik mit den Kategorien
     Makro- und Mikroverhalten: Dabei beansprucht das Makroverhalten zu einer
     bestimmten Zeit das Bewußtsein des Individuums, etwa durch Unterhaltung,
     ärgerliches Umherstampfen und Erzählen von Witzen, während dem Mikrover-
     halten Stimmlage und Sprechgeschwindigkeit, zusammengebissene Zähne, ge-
     ballte Fäuste oder die bewegten Augen und Augenbrauen beim Erzählen von
     Witzen zugeordnet werden. (Vgl. Gordon/Meyers-Anderson o.J.-1981, S. 60.)
105 Vgl. zur Bedeutung und Unterscheidung der Physiologien im NLP-Konzept
     bspw. Stahl 1988b, S. 18 ff., und Stahl 1992, S. 102 ff.
106 Vgl. Watzlawick 1982, S. 16 ff, 22 f.
107 Vgl. Freud 1958.
108 O'Connor/Seymour 1993, S. 200 f.
109 Trenkle 1994, S. 36.
110 Gefunden in Watzlawick 1986, S. 69.
111 Gefunden in Trenkle 1994, S. 23.
112 Vgl. Shah 1986, S. 15.
113 Watzlawick 1983, S. 37 f.
114 Gordon/Meyers-Anderson o.J.-1981, S. 41 f.
115 Vgl. Bandler/Grinder 1985b, S. 105.
116 Vgl. Cameron-Bandler 1987, S. 94.
117 Vgl. Bandler/Grinder 1985b, S. 167.
118 Peseschkian 1984, S. 44.
119 Vgl. Dilts u.a. 1991, S. 36.
120 Vgl. Laborde 1991, S. 84.
121 Laborde 1991, S. 83.
122 Laborde 1991, S. 84.
123 Vgl. Laborde 1991, S. 84.
124 Laborde 1991, S. 85.
125 Vgl. Laborde 1991, S. 85.
126 Vgl. O'Connor/Seymour 1993, S. 190 f.
127 Vgl. Haley 1978, S. 18 f.; vgl. hierzu auch Stahl 1994a, S. 52.
128 Grinder/Bandler 1987, S. 178.
129 Vgl. Hesse 1972.

130 Grinder/Bandler 1987, S. 179.
131 Vgl. Grinder/Bandler 1987, S. 179 f.
132 Im Gegensatz zu der oftmals in der Literatur vertretenen Auffassung, Erickson habe eine indirekte metaphorische Vorgehensweise bevorzugt, die es seinen Klienten gestattete, eigene Interpretationen vorzunehmen (vgl. etwa Ötsch/Stahl 1997, S. 126), war die Arbeitsweise von Erickson dadurch geprägt, daß er, wenn es angezeigt war, mit Imperativen Metaphern arbeitete. Von daher kann sich die hier behauptete Vorliebe jedenfalls nicht auf die umfangreichen Falldokumentationen von Erickson stützen.
133 Vgl. Grinder/Bandler 1987, S. 181.
134 Vgl. Grinder/Bandler 1987, S. 290.
135 Gordon/Meyers-Anderson o.J.-1981, S. 90.
136 Vgl. Gordon/Meyers-Anderson o.J.-1981, S. 121.
137 Vgl. Gordon/Meyers-Anderson o.J.-1981, S. 125 f.
138 Bateson 1993, S. 22 f.
139 Vgl. Gordon/Meyers-Anderson o.J.-1981, S. 132.
140 Vgl. Gordon/Meyers-Anderson o.J.-1981, S. 134.
141 Vgl. Gordon/Meyers-Anderson o.J.-1981, S. 139.
142 Vgl. Dilts 1993a, S. 221.
143 Vgl. Gordon/Meyers-Anderson o.J.-1981, S. 139.
144 Vgl. Grinder/Bandler 1987, S. 156.
145 Vgl. Cameron-Bandler 1987, S. 134.
146 Vgl. Cameron-Bandler 1987, S. 134 f.
147 Gordon 1992, S. 39.
148 Vgl. O'Connor/Seymour 1993, S. 193.
149 O'Connor/Seymour 1993, S. 192.
150 Vgl. Gordon 1992, S. 30.
151 Vgl. Gordon 1992, S. 38 ff.
152 Vgl. Gordon/Meyers-Anderson o.J.-1981, S. 29.
153 Andreas/Andreas 1993, S. 377.
154 Vgl. Andreas/Andreas 1993, S. 377 f.
155 Dilts u.a. 1991, S. 178.
156 Vgl. Grinder/Bandler 1987, S. 158.
157 Vgl. Grinder/Bandler 1987, S. 95.
158 Vgl. Grinder/Bandler 1987, S. 96.
159 Vgl. Gordon/Meyers-Anderson o.J.-1981, S. 28.
160 Vgl. Gordon/Meyers-Anderson o.J.-1981, S. 131.
161 „Man sollte lernen, sich in jeder Situation auf sein Unbewußtes zu verlassen. Die meisten Menschen verlassen sich auf ihr Bewußtsein, und sie können dann nur über das verfügen, was ihrem Bewußtsein direkt zugänglich ist. Wenn man seinem Unbewußten vertraut, hat man einen großen Schatz an Lernerfahrungen." (Erickson, in: Zeig 1995, S. 181.)
162 Vester 1980, S. 88.
163 Gordon 1992, S. 30.
164 Vgl. Gordon 1992, S. 138.

165 Vgl. Gordon 1992, S. 139.
166 Vgl. Grinder/Bandler 1987, S. 233.
167 Diese „Inkongruenz-Strategie" (Hücker) wird in der NLP-Literatur als „Geh weg, komm näher-Muster" (Bandler) bezeichnet. (Vgl. O'Connor/Seymour 1993, S. 120.)
168 Vgl. zu „NLP und Gruppen" den Beitrag von Hücker 1993.
169 Vgl. hierzu auch O'Connor/Seymour 1996 sowie Dilts 1997.
170 Dilts u.a. 1985, S. 170.
171 Grinder/Bandler 1987, S. 116 f.
172 Vgl. Grinder/Bandler 1987, S. 117.
173 O'Connor/Seymour 1993, S. 140.
174 Vgl. Gordon 1992, S. 133.
175 Grinder/Bandler 1987, S. 24.
176 Grinder/Bandler 1987, S. 124.
177 Andreas/Andreas 1993, S. 381.
178 Vgl. Andreas/Andreas 1993, S. 381.
179 Vgl. Grinder/Bandler 1987, S. 123 f.
180 Grinder/Bandler 1987, S. 124.
181 Vgl. Erickson, in: Gordon/Meyers-Anderson o.J.-1981, S. 173.
182 Haley 1978, S. 35 f.
183 Vgl. Gordon/Meyers-Anderson o.J.-1981, S. 35 f.
184 Vgl. Stahl 1994b, S. 51.
185 Vgl. Gordon/Meyers-Anderson o.J.-1981, S. 36.
186 Vgl. Grinder/Bandler 1987, S. 151.
187 Vgl. hierzu auch Stahl 1994a, S. 54.
188 Haley 1978, S. 40.
189 Bandler/Grinder 1985b, S. 17 f.
190 Carroll 1974, S. 74.
191 Vgl. Grinder/Bandler 1987, S. 97.
192 Vgl. Grinder/Bandler 1987, S. 155.
193 Vgl. Grinder/Bandler 1987, S. 181.
194 Grinder/Bandler 1987, S. 135.
195 Vgl. Laborde 1991, S. 82.
196 Vgl. O'Connor/Seymour 1993, S. 192.
197 Vgl. O'Connor/Seymour 1993, S. 191.
198 Vgl. O'Connor/Seymour 1993, S. 193.
199 Laborde 1991, S. 82.
200 Vgl. Laborde 1991, S. 82.
201 Vgl. Stahl 1994a, S. 54.
202 Vgl. Stahl 1994a, S. 51 f.
203 Vgl. Rückerl 1994, S. 132.
204 Eine große Metapher für den Blitzschlag von Motivation und Begeisterung in der Organisationsentwicklung wurde von Byham/Cox (1993) entwickelt.
205 Vgl. Grinder/Bandler 1987, S. 112.
206 Vgl. Grinder/Bandler 1987, S. 114.

207 Vgl. Miller 1956. „Egal, wie groß Sie die Einheiten wählen, wenn Sie Ihre Aufmerksamkeit bewußt auf 7+/-2 Informationseinheiten richten, wird alles übrige nicht bewußt verarbeitet werden. Alles, was 7+/-2 Einheiten übersteigt, ist Überladung und wird unbewußt verarbeitet." (Grinder/Bandler 1987, S. 111.)

208 Vgl. Watzlawick/Kreuzer 1991, S. 17 f.

209 Bandler, in: Gordon 1992, S. 9 f.

210 Grinder/Bandler 1987, S. 233 f.; vgl. zu den von Grinder und Bandler vermuteten neurologischen Determinanten und Prozessen beispielsweise Sacks 1992, 1993, sowie Ornstein 1990.

211 Dilts u.a. 1991, S. 87.

212 Dilts u.a. 1991, S. 180.

213 Laborde 1991, S. 90 f.

214 Vgl. Bandler, in: Gordon 1992, S. 11.

215 Gordon/Meyers-Anderson o.J.-1981, S. 174.

216 Vgl. Grinder/Bandler 1987, S. 18.

217 Vgl. bspw. Haley 1978.

218 „NLP ist das Studium von Höchstleistungen, insbesondere von erfolgreicher Kommunikation, und Modellieren ist das Verfahren, das Höchstleistungen durchschaubar, nachvollziehbar macht. Welches sind die Muster von erfolgreichen Menschen? Wie erzielen sie ihre Ergebnisse? Was machen sie im Gegensatz zu Leuten, die nicht so erfolgreich sind. Wo ist der Unterschied, der den Unterschied ausmacht. Aus den Antworten auf diese Fragen sind all die Techniken entstanden, die wir im NLP kennen.

Erklärungen dafür, warum manche Menschen Erfolg haben, führen gewöhnlich das »angeborene Talent« oder konzentriertes Üben an. NLP umgeht beide, es zeigt, wie Sie sich genau jetzt auszeichnen und übertreffen können. NLP modelliert das, was möglich ist, denn reale Menschen haben es wirklich geschafft." (O'Connor/Seymour 1993, S. 265.)

219 Glasersfeld 1995, S. 45 f.; dem eher wissenschaftlich interessierten Leser empfehle ich ergänzend die etwas betagte, aber noch aktuelle Studie von Fleck (1993).

220 Vgl. O'Connor/Seymour 1993, S. 30 ff.

221 Vgl. Bandler/Grinder 1985a, S. 138.

222 Eine Übersicht zu Struktur und inhaltlicher Gestaltung der NLP-Ausbildung finden Sie in: Hücker 1995, S. 128 ff., sowie im Anhang zu diesem Buch.

223 Vgl. Gordon/Meyers-Anderson o.J.-1981, S. 124.

224 Vgl. Grinder/Bandler 1987, S. 16.

225 Vgl. Andreas/Andreas 1993, S. 373 ff.; vgl. hierzu auch die methodischen Hinweise in O'Connor/Seymour 1996 sowie in Dilts 1997.

226 Vgl. Andreas/Andreas 1993, S. 374.

227 Vgl. Andreas/Andreas 1993, S. 375 f.

228 Vgl. Andreas/Andreas 1993, S. 379.

229 Vgl. Andreas/Andreas 1993, S. 380.

230 Vgl. Andreas/Andreas 1993, S. 383.

231 O'Connor/Seymour 1993, S. 194 ff.

232 „Abreaktion" ist ein Begriff aus der Psychoanalyse, der die Lösung seelischer Spannungen durch ruhige Aussprache, schriftliche Äußerung, Temperamentsausbruch oder irgendeine Handlung meint. Dabei handelt es sich um einen Vorgang, durch den ein gestautes oder, wie Freud sagt, „eingeklemmtes" Gefühl ausgedrückt und damit abreagiert wird. In der frühen Psychoanalyse galt die Abreaktion als Ziel der Behandlung schlechthin. Die Annahme war, daß die Abreaktion einem Bedürfnis die Stärke nimmt, was aus heutiger Sicht nur bedingt zutreffend ist, da Bedürfnisse durch Abreaktion durchaus auch gesteigert werden können.

233 Grundlagen: Erickson 1935 (Entwicklung und Evaluation des Experiments), Erickson 1944 (Methodik), beide übersetzt von Susanne Steed 1994, und ergänzend Huston u.a. 1934. Die Beiträge von Erickson wurden nachgedruckt in Haley 1967, S. 299-325, sowie in Rossi 1980, Vol. III, S. 320-355; ein Abstrakt dazu in O'Hanlon/Hexum 1994, S. 145 f.

Von Rossi (1980) existiert nun auch eine deutsche Ausgabe in sechs Bänden, von denen die ersten vier mit dem Titel „Gesammelte Schriften von Milton H. Erickson" bei Auer, Heidelberg 1995-1997, erschienen sind; die angesprochenen Originalbeiträge von Erickson finden sich dort in Band 4: „Untersuchung psycho-dynamischer Prozesse durch Hypnose", S. 400-452, der 1997 veröffentlicht wurde.

Zu den neurologischen Implikationen und Prozessen, die Ericksons experimenteller Arbeit zugrunde liegen, verweise ich unter anderem auf die populärwissenschaftlich verfaßten Werke von Oliver Sacks, bspw. 1992 und 1993, sowie auf Vester 1980 und Ornstein 1990.

234 „Libido", ein psychoanalytischer Grundbegriff, die sexuelle Triebkraft, die den Menschen anregt, Lust aus erogenen Zonen des Körpers zu gewinnen. Freud faßte seelische Krankheiten als Störungen der Libidoentwicklung (orale, anale und phallische Phase) auf und apostrophierte die Libido stets als besonders wichtige Triebkraft unter mehreren, weil sie oftmals starken Verboten unterliegt. Durch Sublimierung (Umlenkung) kann die Libido in kulturell wertvolle und gesellschaftlich anerkannte Motive transformiert werden, wenn etwa ein Kind, dessen Freude am Kotschmieren durch die Eltern eingeschränkt wird, später besonders (zwanghaft) sauber wird oder die Sexualforschung des Kindes in den Forschungsdrang des Erwachsenen einmündet. Die Bedeutung der Libido ist auch über das psychoanalytische Denkgebäude hinaus anerkannt.

235 Vgl. zur Psychotherapie Milton H. Ericksons u.a. Haley 1978, Zeig 1995; zu seinen hypnotherapeutischen Techniken und Mustern vgl. Haley 1967, Rossi 1980, Grinder/Bandler 1987, Bandler/Grinder 1996, Gordon/Meyers-Anderson o.J.-1981.

236 Zum Konflikt von Klinikern und Forschern vgl. Fourie 1994, insbesondere S. 124, der sagt: „Die Praktiker glauben, Forschung sei so reduktionistisch, daß sie die gefundenen Resultate für die Praxis fast wertlos macht. Anderenseits sind Forscher häufig der Meinung, daß Kliniker viel zu verbohrt sind, um die »wirklich« wichtigen Variablen zu erkennen.

Es ist interessant, daß beide Meinungen oft richtig sind. Ironischerweise sind sie richtig, weil sowohl Forscher wie auch Kliniker für gewöhnlich der Newtonschen Denkweise folgen, wenngleich es sich um zwei verschiedene Richtungen derselben handelt. Beide – Kliniker und Forscher – bewerten die Beobachtung von Menschen (Klienten oder Versuchspersonen) so, als ob diese Beobachtung objektiv sei. Sie sehen sich selbst nicht als Teil von dem, was sie beobachten. Beide befassen sich mit den vermuteten Ereignissen im Inneren der Klienten/Versuchspersonen. Sie »beobachten« vergegenständlichte Entitäten, die in den Beobachteten wirken. Beide versuchen, diese auf direkte oder lineare Art und Weise zu beeinflussen. Der Unterschied beider besteht jedoch darin, daß der Forscher sich im Gegensatz zum Kliniker der Messung und der Kontrolle »externer« Variablen verpflichtet fühlt."

237 Vgl. die sich hierauf beziehenden Fallbeschreibungen, bspw. in Haley (1978, S. 88 ff.). Dort führt Erickson (ebda., S. 89) aus, neurotische Züge seien oft konstant, im Grunde genommen aber wechselhaft, da sich der Zweck, dem sie dienen, mit der Zeit, den jeweiligen Umständen und der sich entwickelnden Persönlichkeit verändert, und ein neurotischer Zug könne durch die Entwicklung eines anderen und an sich nutzbringenden neurotischen Zuges verdrängt werden. So könne ein spezifisches, neurotisches Symptom wie die vorzeitige Ejakulation plötzlich in eine beängstigende Verzögerung der Ejakulation umschlagen.

238 Erickson bezieht sich bei seinem Vorhaben ausdrücklich auf ein Experiment, das in den Jahren 1930 bis 1932 durchgeführt und 1934 publiziert wurde mit dem Ziel, einen laboratorischen Nachweis dafür zu erbringen, daß affektive Konflikte aufgedeckt werden können, wenn mit Hilfe einer hypnotischen Prozedur spezielle Komplexe etabliert werden. Das Forschungsdesign für dieses Experiment wurde von Huston und Shakow entwickelt, von denen auch die Daten ausgewertet wurden; die Entwicklung der Komplexe und die hypnotische Arbeit erfolgten durch Erickson. Bei den vier männlichen und acht weiblichen Versuchspersonen im Alter zwischen zwanzig und dreißig Jahren handelte es sich wie im vorliegenden Fall um gut trainierte hypnotische Subjekte, die den Forschern bestens bekannt waren. Alle Versuchspersonen wurden vor, während und nach der experimentellen Arbeit untersucht. Beobachtet wurden sprachliche, willkürliche und unwillkürliche Reaktionen sowie die Atmung und sprachliche Reaktionszeiten. Die Forscher gelangten zu dem Ergebnis, daß neun Versuchspersonen den Komplex als etwas von ihnen Ausgeführtes annahmen und der Komplex eine Reaktion bei ihnen hervorrief und daß bei sechs von ihnen eine motorische Erscheinung der Methode auf das Vorhandensein des Komplexes hinwies. Im Trance-Zustand neigten die Versuchspersonen dazu, mit wenig motorischen Störungen sprachlich auf den Komplex zu reagieren, und im Wachzustand nahm die relative Bedeutung der motorischen Störungen zu. Die Autoren vermuten, daß eine Ausbreitung auf willkürliche und unwillkürliche motorische Schichten nicht stattfindet, wenn die durch den Konflikt erzeugte Erregung nicht sprachlich entladen wird. Eine Folgerung daraus ist, daß die motorischen Erscheinungen der benutzten Methode allein möglicherweise ungeeignet sind, Konflikte aufzudecken. (Vgl. Huston/Shakow/Erickson 1934.)

239 Erickson 1935, S. 35.

240 Erickson 1935, S. 37 f.

241 Vgl. Erickson 1944.
242 O'Hanlon/Hexum (1994, S. 145 ff.) belegen, daß Erickson zahlreiche Fälle von Ejaculatio praecox behandelt hat.
243 Erickson 1944, S. 69.
244 Erickson 1935, S. 41.
245 Erickson 1935, S. 43.
246 Erickson 1935, S. 44 f.
247 Erickson 1935, S. 49.
248 Vgl. Bandler/Grinder 1996
249 Vgl. Grinder/Bandler 1987, S. 328 f.
250 Vgl. zur NLP-Ausbildung die allgemeinen Hinweise bei O'Connor/Seymour 1993, S. 299 ff., und für den deutschsprachigen Raum die Hinweise bei Jochims 1992 und Hücker 1995, S. 128 ff.
251 Stand: 1.97 (1997). Die Richtlinien werden regelmäßig überarbeitet, und die aktuelle Fassung ist grundsätzlich im World Wide Web des Internet in der deutschsprachigen NLP-Domain via (http://www.nlp.de/dvnlp) unbeschränkt einsehbar. Die Mitglieder des DVNLP erörtern und entwickeln die NLP-Ausbildungsrichtlinien im Rahmen einer von den Mitgliedern bestellten Arbeitsgruppe sowie auf dem alljährlich im November stattfindenden Kongreß der NLP-Anwender (DVNLP-Kongreß). Zudem wird die NLP-Ausbildung ebenso wie andere NLP-Themen und Zeitfragen oftmals in der deutschsprachigen Mailing-Liste nlp4all diskutiert, die über die Seite (http://www.nlp.de/nlp4all) erreichbar und allgemein zugänglich ist.
252 Vgl. Bandler/Grinder 1985b, S. 78.
253 Foerster 1998, S. 42. (Dieses Gespräch erscheint im April 1998 in leicht erweiterter Form in dem Interviewband „Heinz von Foerster/Bernhard Pörksen: Wahrheit ist die Erfindung eines Lügners" bei Carl-Auer-Systeme Verlag in Heidelberg); vgl. zu dem hier angesprochenen Thema auch die kritisch-konstruktiven Anmerkungen von Hücker 1993.
254 Vgl. O'Connor/Seymour 1993, S. 30 ff.
255 Vgl. Bandler/Grinder 1985a, S. 138.

Literatur

Andreas, Steve, Andreas, Connirae, Hrsg. Thomas Kirschner (1993): *Das NLP-Trainer-Manual für die Practitioner-Stufe.* Eichstätt 1992, 2., überarbeitete Aufl.: Verlag Thomas Kirschner Seminare (Original o.J.: *NLP 24-Day Practitioner Certification Trainer's Manual.*)

Bandler, Richard (1994): „Nachgefragt. Das aktuelle Interview mit Dr. Richard Bandler." In: *MultiMind, NLP aktuell* 4/94, S. 30 ff.

Bandler, Richard, Grinder, John (1985a): *Metasprache und Psychotherapie. Die Struktur der Magie I.* Paderborn 1981, 3. Aufl.: Junfermann (Original 1975: *The Structure of Magic.* Vol. I)

Bandler, Richard, Grinder, John (1985b): *Neue Wege der Kurzzeit-Therapie. Neurolinguistische Programme.* Paderborn 1981, 4. Aufl.: Junfermann (Original 1979: *Frogs into Princes.*)

Bandler, Richard, Grinder, John (1985c): *Reframing. Ein ökologischer Ansatz in der Psychotherapie (NLP).* Paderborn: Junfermann (Original 1982: *Reframing.*)

Bandler, Richard, Grinder, John (1996): *Patterns. Muster der hypnotischen Techniken Milton H. Ericksons.* Paderborn: Junfermann (Original 1975: *Patterns of the Hypnotic Techniques of Milton H. Erickson*, M.D., Vol. 1)

Bateson, Gregory (1992): *Ökologie des Geistes. Anthropologische, psychologische, biologische und epistemologische Perspektiven.* Frankfurt 1985, 4. Aufl.: Suhrkamp (Original 1972: *Steps to an Ecology of Mind, Collected Essays in Anthropology, Psychiatry, Evolution and Epistemology.*)

Bateson, Gregory (1993): *Geist und Natur. Eine notwendige Einheit.* Frankfurt 1987, 3. Aufl.: Suhrkamp (Original 1979: *Mind and Nature. A Necessary Unity.*)

Besser-Siegmund, Cora (1995): *Magic Words. Der minutenschnelle Abbau von Blockaden.* Düsseldorf: ECON

Bretto, Charlotte, u.a. (1997): *Die Kunst des Heilens und der Veränderung. NLP-Anwendungen in Medizin, Kunst und Kreativität.* Paderborn: Junfermann (Original 1991: *Leaves before the Wind.*)

Briggs, John, Peat, F. David (1993): *Die Entdeckung des Chaos. Eine Reise durch die Chaos-Theorie.* München: dtv (Original 1989: *Turbulent Mirrow. An Illustrated Guide to Chaos Theory and the Science of Wholeness.*)

Byham, William C., Cox, Jeff (1993): *Zack! Der Blitzschlag von Motivation und Begeisterung.* Landsberg/Lech 1991, 3. Aufl.: verlag moderne industrie

Cameron-Bandler, Leslie (1987): *Wieder zusammenfinden: NLP – neue Wege der Paartherapie.* Paderborn 1983, 3. Aufl.: Junfermann (Original 1978: *They lived happily ever after.*)

Carroll, Lewis (1974): *Alice hinter den Spiegeln.* Frankfurt am Main 1963, 1. Aufl.: Insel (Original 1872: *Through the Looking-Glass.*)

Castaneda, Carlos (1981): *Reise nach Ixtlan. Die Lehre des Don Juan.* Frankfurt am Main 1976, 138.-162. Tausend: Fischer (Original 1972: *Journey to Ixtlan.*)

Dilts, Robert B. (1983): *Roots of Neuro-Linguistic Programming.* Cupertino: Meta Publications

Dilts, Robert B. (1993a): *Die Veränderung von Glaubenssystemen. NLP Glaubensarbeit.* Paderborn: Junfermann (Original 1990: *Changing Belief Systems with NLP.*)

Dilts, Robert B. (1993b): „Neuro-Linguistisches Programmieren heute: Was ist NLP?", in: *MultiMind, NLP aktuell,* Letter 3/93, S. 4 f.

Dilts, Robert B. (1997): *Kommunikation in Gruppen und Teams. Lehren und Lernen effektiver Präsentationstechniken. Angewandtes NLP.* Paderborn: Junfermann (Original 1994: *NLP – Effective Presentation Skills.*)

Dilts, Robert B., Epstein, Todd (1992a): *Overview of Basic NLP. Skills* & *Tools.* Ben Lomond: Dynamic Learning Publications

Dilts, Robert B., Epstein, Todd (1992b): *Overview of Advanced NLP. Skills and Tools.* Ben Lomond: Dynamic Learning Publications

Dilts, Robert B., Epstein, Todd (1993): *Systemic Neuro-Linguistic Programming. A Unified Field Theory.* Ben Lomond: Dynamic Learning Publications

Dilts, Robert B., u.a. (1985): *Strukturen subjektiver Erfahrung. Ihre Erforschung und Veränderung durch NLP.* Paderborn: Junfermann (Original 1980: *Neuro-Linguistic Programming.* Vol. I)

Dilts, Robert B., u.a. (1991): *Identität, Glaubenssysteme und Gesundheit. Höhere Ebenen der NLP-Veränderungsarbeit.* Paderborn: Junfermann (Original 1989: *Beliefs – Pathways to Health* & *Well-Being.*)

Erickson, Milton H. (1935): „A study of an experimental neurosis hypnotically induced in a case of ejaculatio praecox." In: *The British Journal of Medical Psychology,* 1935, Vol. XV, pp. 34-50.

Erickson, Milton H. (1944): „The method employed to formulate a complex story for the induction of an experimental neurosis in a hypnotic subject." In: *The Journal of General Psychology,* 1944, Vol. 31, pp. 67-84.

Erickson, Milton H., herausgegeben und kommentiert von Jeffrey K. Zeig (1985): *Meine Stimme begleitet Sie überallhin. Ein Lehrseminar mit Milton H. Erickson.* Stuttgart: Klett-Cotta (Original 1980: *A Teaching Seminar with Milton H. Erickson.*)

Erickson, Milton H., Rossi, Ernest L. (1981): *Hypnotherapie. Aufbau – Beispiele – Forschungen. München: Pfeiffer (Original 1979: Hypnotherapy. An Exploratory Casebook.)*

Erickson, Milton H., Rossi, Ernest L. (1991): *Der Februarmann. Persönlichkeits- und Identitätsentwicklung in Hypnose.* Paderborn: Junfermann (Original 1989: *The February Man – Evolving Consciousness and Identity in Hypnotherapy.*)

Erickson, Milton H., Rossi, Ernest L., Rossi, Sheila L. (1978): *Hypnose. Induktion – Psychotherapeutische Anwendung – Beispiele.* München: Pfeiffer (Original 1976: *Hypnotic Realities. The Induction of Clinical Hypnosis and Forms of Indirect Suggestion.*)

Fleck, Ludwik (1993): *Entstehung und Entwicklung einer wissenschaftlichen Tatsache. Einführung in die Lehre vom Denkstil und Denkkollektiv.* Frankfurt 1980, 2. Aufl.: Suhrkamp (textidentisch mit der Erstausgabe 1935.)

Foerster, Heinz von (1998): „Wahrheit ist die Erfindung eines Lügners. Der Philosoph und Physiker Heinz von Foerster im Gespräch mit Bernhard Pörksen." In: *Die Zeit* Nr. 4 vom 15.1.98, S. 41 f. (Dieses Gespräch erscheint in leicht erweiterter Form in dem Interviewband *Heinz von Foerster/Bernhard Pörksen: Wahrheit ist die Erfindung eines Lügners* bei Carl-Auer-Systeme Verlag in Heidelberg.)

Fourie, David P. (1994): *Hypnose. Ein ökosystemischer Ansatz.* München: Quintessenz

Fowles, John (1992): *Der Magus.* Frankfurt/M. 1969/1980, 5. Aufl.: Ullstein (Original 1966/1978: *The Magus.* Revised Edition.)

Freud, Sigmund (1958): *Der Witz und seine Beziehung zum Unbewußten.* Frankfurt am Main: Fischer

Gardner, Howard (1992): *Dem Denken auf der Spur. Der Weg der Kognitionswissenschaften.* Stuttgart: Klett-Cotta (Original 1985: *The Mind's New Science. A History of the Cognitive Revolution.*)

Glasersfeld, Ernst von (1995): „Zuerst muß man zu zweit sein. Vortrag im Rahmen des 3. österreichischen Symposions für Familien- und Systemtherapie in Linz." In: *MultiMind – NLP aktuell* 4/95, S. 42 ff.

Gordon, David Cole (1992): *Therapeutische Metaphern.* Paderborn 1986, 4. Aufl.: Junfermann (Original 1978: *Therapeutic Metaphors.*)

Gordon, David, Meyers-Anderson, Maribeth (o.J.-1981): *Phoenix. Therapeutische Strategien von Milton H. Erickson.* Hamburg: ISKO PRESS (Original 1981: *Phoenix. Therapeutic Patterns of Milton H. Erickson.*)

Grinder, John, Bandler, Richard (1984): *Kommunikation und Veränderung. Die Struktur der Magie II.* Paderborn 1982, 2. Aufl.: Junfermann (Original 1976: *The Structure of Magic.* Vol. II)

Grinder, John, Bandler, Richard (Hrsg. Connirae Andreas) (1987): *Therapie in Trance. Hypnose: Kommunikation mit dem Unbewußten.* Stuttgart, o.J., 2. Aufl.: Klett-Cotta (Original 1981: *TRANCE-Formations. Neuro-Linguistic Programming and the Structure of Hypnosis.*)

Grinder, Michael (1991): *NLP für Lehrer. Ein praxisorientiertes Arbeitsbuch.* Freiburg : VAK (Original 1989: *Righting the educational conveyor belt.*)

Grinder, Michael (1995): *Ohne viele Worte. Nonverbale Muster für erfolgreiches Unterrichten.* Freiburg: VAK (Original 1993: *Your personal guide to classroom management.*)

Haley, Jay (1967): *Advanced Techniques of Hypnosis and Therapy. Selected Papers of Milton H. Erickson, M.D.* Boston: Allyn and Bacon

Haley, Jay (1978): *Die Psychotherapie Milton H. Ericksons.* München: Pfeiffer (Original 1973: *Uncommon Therapy. The Psychiatric Techniques of Milton H. Erickson, M.D.*)

Herzog, Walter (1983): „Plädoyer für Metaphern. Versuch, ein vergessenes pädagogisches Thema in Erinnerung zu rufen." In: *Vierteljahresschrift für wissenschaftliche Pädagogik* (VfWP), Jg. 59, Heft 3, S. 299 ff.

Hesse, Hermann (1972): *Der Steppenwolf.* Frankfurt 1955, 77.-96. Tausend: Suhrkamp

Hoffmeister, Johannes (1955): *Wörterbuch der philosophischen Begriffe.* Hamburg, 2. Aufl. o.J.: Felix Meiner

Hücker, Franz-Josef (1993): „Entwickeln wir die NLP-Advanced-Modelle für das Gruppentraining ... jetzt!" In: *MultiMind, NLP aktuell* 6/93, S. 8 ff.

Hücker, Franz-Josef (1995): „Neuro-Linguistisches Programmieren (NLP) – effektive Kommunikation und ökologische Veränderung." In: Buddrus, Volker (Hrsg.): *Humanistische Pädagogik. Eine Einführung in Ansätze integrativen und personenzentrierten Lehrens und Lernens.* (Schriften zur Beratung und Therapie im Raum der Schule und Erziehung, Bd. 5, Hrsg. Herbert Gudjons) Bad Heilbronn: Klinkhardt, S. 117 ff.

Huston, Paul E., Shakow, David, and Erickson, Milton H. (1934): „A study of hypnotically induced complexes by means of the luria technique." In: *The Journal of General Psychology,* XI, 1934, pp. 65-97.

Jochims, Inke (Hrsg.) (1992): *Wer trainiert NLP? Die NLP-Trainer und Trainerinnen im deutschsprachigen Raum.* Paderborn: Junfermann

Jochims, Inke (1995): *NLP für Profis. Glaubenssätze und Sprachmodelle.* Paderborn: Junfermann

Kluczny, Johann (1993): *Manual für das NLP-Trainer-Training.* Berlin: NLP Institut Berlin

Kopp, Sheldon B. (1985): *Der Taschendieb und der Heilige. Spiele der Selbsttäuschung.* Köln: Diederichs (Original 1983: *The Pickpocket and the Saint.*)

Korzybski, Alfred (1980): *Science and Sanity. An Introduction to non-aristotelian Systems and General Semantics.* Lakeville 1933, fourth edition 1958, sixth printing: The Institute of General Semantics.

Laborde, Genie Z. (1991): *Kompetenz und Integrität. Die Kommunikationskunst des NLP.* Paderborn: Junfermann (Original 1988: *Fine tune your brain.*)

Lankton, Carol H., Lankton, Stephen R. (1994): *Geschichten mit Zauberkraft. Die Arbeit mit Metaphern in der Psychotherapie.* München 1991, 2. Aufl.: Pfeiffer (Original 1989: *Tales of Enchantment. Goal-Oriented Metaphors for Adults and Children in Therapy.*)

Lloyd, Linda (1991): *Des Lehrers Wundertüte. NLP macht Schule.* Freiburg: VAK (Original 1982, 4. Aufl. 1984: *Classroom magic. Effective teaching made easy.*)

Miller, George A. (1956): „The magical number seven, plus or minus two: Some Limits on our capacity for processing information." In: *The Psychological Review,* 1956, Vol. 63, No. 2, pp. 81-97.

Miller, George A., Galanter, Eugene, Pribram, Karl H. (1991): *Strategien des Handelns. Pläne und Strukturen des Verhaltens.* Stuttgart 1973, 2. Aufl.: Klett-Cotta (Original 1960: *Plans and the Structure of Behavior.*)

Mohl, Alexa (1993): *Der Zauberlehrling. Das NLP Lern- und Übungsbuch.* Paderborn: Junfermann

Mohl, Alexa (1997): *Der Wächter am Tor zum Zauberwald. Therapeutische und pädagogische Metaphern. Lauter schöne Geschichten.* Paderborn: Junfermann

O'Connor, Joseph, Seymour, John (1993): *Neurolinguistisches Programmieren: Gelungene Kommunikation und persönliche Entfaltung.* Freiburg: 1992, 2. Aufl.: VAK (Original 1990: *Introducing Neuro-Linguistic Programming. The new psychology of personal excellence.*)

O'Connor, Joseph, Seymour, John (1996): *Weiterbildung auf neuem Kurs. NLP für Trainer, Referenten und Dozenten.* Freiburg: VAK. (Original 1994: *Training with NLP. Neuro-Linguistic Programming. Skills for Managers, Trainers and Communicators.*)

O'Hanlon, William H., Hexum, Angela L. (1994): *Milton H. Ericksons gesammelte Fälle.* Stuttgart: Klett-Cotta (Original 1990: *An Uncommon Casebook.*)

Ötsch, Walter, Stahl, Thies (1997): *Das Wörterbuch des NLP. Das NLP-Enzyklopädie-Projekt.* Paderborn: Junfermann

Ornstein, Robert (1990): *Multimind. Ein neues Konzept des menschlichen Geistes. Ergebnisse der Humanwissenschaften für Erziehung, Therapie und Management.* Paderborn 1989, 2. Aufl.: Junfermann (Original 1986: *MULTIMIND.*)

Peseschkian, Nossrat (1984): *Der Kaufmann und der Papagei. Orientalische Geschichten als Medien in der Psychotherapie. Mit Fallbeispielen zur Erziehung und Selbsthilfe.* Frankfurt 1979, 48.-52. Tausend: Fischer

Robbins, Anthony (1994): *Giant Steps. Small Changes to Make a Big Difference. Daily Lessons in Self-Mastery.* Fireside Book, New York.

Rossi, Ernest L. (1980): *The Nature of Hypnosis and Suggestion by Milton H. Erickson* (The Collected Papers of Milton Erickson on Hypnosis. Vol. I. – IV.) New York: Irvington (Dt. Ausgabe 1995-199x in sechs Bänden mit dem Titel *Gesammelte Schriften von Milton H. Erickson* bei Auer, Heidelberg.)

Rückerl, Thomas (1994): *NLP in Stichworten. Ein Überblick für Einsteiger und Fortgeschrittene.* Paderborn: Junfermann

Sacks, Oliver (1992): *Der Mann, der seine Frau mit einem Hut verwechselte.* Reinbek bei Hamburg 1990, 146.-170. Tsd.: Rowohlt (Original 1985: *The Man Who Mistook His Wife For a Hat.*)

Sacks, Oliver (1993): *Der Tag, an dem mein Bein fortging.* Reinbek bei Hamburg 1991, 57.-66. Tsd.: Rowohlt (Original 1984: *A Leg to Stand On.*)

Shah, Idries (1986): *Das Zauberkloster. Alte und neue Sufi-Geschichten.* Reinbek bei Hamburg: Rowohlt (Original 1972: *The Magic Monastery.*)

Stahl, Thies (1987): „Die »kleine Schule des Wünschens«. Ein Interventionsschema für Verhandlungssituationen in der Familientherapie." In: Schlippe, Artist v., Kriz, Jürgen (Hrsg.): *Symposion Familientherapie. Kontroverses – Gemeinsames. Ein Bericht des 1. Weinheimer Symposions für Familientherapie vom 1.-4. 5. 1986 in Osnabrück.* Wildberg: Verlag Mona Bögner-Kaufmann, S. 200 ff.

Stahl, Thies (1988a): „Interventionsmuster des NLP in der Familientherapie." In: Schneider, Kristine (Hrsg.): *Familientherapie in der Sicht psychotherapeutischer Schulen.* Paderborn 1983, 3. Aufl.: Junfermann, S. 330 ff.

Stahl, Thies (Hrsg. Kirchner, Isolde, Weiß, Josef) (1988b): *Triffst du 'nen Frosch unterwegs ... NLP für die Praxis.* Paderborn: Junfermann

Stahl, Thies (1992): *Neurolinguistisches Programmieren (NLP). Was es kann, wie es wirkt und wem es hilft.* Mannheim: PAL

Stahl, Thies (1994a): „Das Konzept »Widerstand« in der Psychotherapie Milton Ericksons, in der Kommunikationstherapie und im Neurolinguistischen Programmieren, Teil 1." In: *MultiMind, NLP aktuell* 2/94, S. 49 ff.

Stahl, Thies (1994b): „Das Konzept »Widerstand« in der Psychotherapie Milton Ericksons, in der Kommunikationstherapie und im Neurolinguistischen Programmieren, Teil 2." In: *MultiMind, NLP aktuell* 3/94, S. 50 ff.

Stahl, Thies (1994c): „Das Konzept »Widerstand« in der Psychotherapie Milton Ericksons, in der Kommunikationstherapie und im Neurolinguistischen Programmieren, Teil 3." In: *MultiMind, NLP aktuell* 4/94, S. 47 ff.

Trenkle, Bernhard (1994): *Das Ha-Handbuch der Psychotherapie. Witze – ganz im Ernst.* Heidelberg: Carl-Auer-Systeme

Vester, Frederic (1980): *Denken, Lernen, Vergessen. Was geht in unserem Kopf vor, wie lernt das Gehirn, und wann läßt es uns im Stich?* München 1978, 6. Aufl.: dtv

Watzlawick Paul (1982): *Die Möglichkeit des Andersseins. Zur Technik der therapeutischen Kommunikation.* Bern 1977, 2. Aufl.: Huber

Watzlawick, Paul (1983): *Anleitung zum Unglücklichsein.* München: Piper

Watzlawick, Paul (1986): *Vom Schlechten des Guten.* München: Piper

Watzlawick, Paul (1990): *Wie wirklich ist die Wirklichkeit. Wahn – Täuschung – Verstehen.* München 1976, 18. Aufl.: Piper

Watzlawick, Paul, Hrsg. (1991): *Die erfundene Wirklichkeit. Wie wissen wir, was wir zu wissen glauben? Beiträge zum Konstruktivismus.* München 1981, Neuausgabe 1985, 7. Aufl.: Piper

Watzlawick, Paul, Kreuzer, Franz (1991): *Die Unsicherheit unserer Wirklichkeit. Ein Gespräch über den Konstruktivismus.* München 1988, 3. Aufl.: Piper

Weerth, Rupprecht (1992): *NLP und Imagination. Grundannahmen, Methoden, Möglichkeiten und Grenzen.* Paderborn: Junfermann

Weerth, Rupprecht (1993): *NLP und Imagination II. Die Untersuchung zum Buch. Daten und Fakten.* Paderborn: Junfermann

Wilson, Robert Anton (1993): *Der neue Prometheus. Die Evolution unserer Intelligenz.* Reinbek bei Hamburg 1987, 20.-22. Tausend: Rowohlt (Original 1983: *Prometheus Rising.*)

Zeig, Jeffrey K. (1995): *Die Weisheit des Unbewußten. Hypnotherapeutische Lektionen bei Milton H. Erickson.* Heidelberg: Auer

Glossar

Anker: Sinnesspezifischer Reiz, der mit einer Reaktion des Subjekts lebensgeschichtlich verknüpft ist und diese Reaktion bei ihm auslöst; siehe auch → *Verhaltensmuster.*

Assoziiert: Ein Verhalten experimentell prozessieren und die dazugehörigen Emotionen erleben; siehe auch → *Dissoziiert.*

Bewußt: Vom Geist zumeist autonom gesteuerte Auswahl der aktuell sinnesspezifisch wahrgenommenen und erlebten inneren und äußeren Sensationen; siehe auch → *Unbewußt.*

Desired state: Von einem Subjekt prozessual angestrebter Zustand; siehe auch → *Problem state,* → *Ökologie-Check.*

Dissoziiert: Das Subjekt nimmt experimentell sein eigenes Verhalten gleichsam von außen wahr mit geringerer Intensität des Erlebens und emotionaler Engagiertheit als im Prozeß des Assoziiertseins; siehe auch → *Assoziiert.*

Hypnose: Kommunikationsmethode, mit der Trance-Phänomene und Trance-Zustände induziert werden können; siehe auch → *Trance.*

Inkongruent: Verbale und nonverbale Äußerungen eines Subjekts stimmen nicht überein; das Bewußtsein strebt in eine andere Richtung als das Unbewußte, Teile der Person sind im Konflikt; siehe auch → *Kongruent.*

Inkorporieren: Strategische Verknüpfung einer wahrgenommenen Sensation mit einer Prozeßinstruktion.

Kalibrieren: Prozeß, in dem die verbalen und nonverbalen Äußerungen eines Subjekts registriert werden, die mit einem Zustand verknüpft sind; siehe auch → *Physiologie.*

Kongruent: Verbale und nonverbale Äußerungen eines Subjekts stimmen überein; das Bewußtsein strebt in die gleiche Richtung wie das Unbewußte; siehe auch → *Inkongruent.*

Leaden: Prozeß, in dem ein Subjekt durch verbale und/oder nonverbale Änderung seines Verhaltens eine andere Person (oder mehrere) unterstützt, ihr Verhalten und Erleben zu ändern; siehe auch → *Rapport,* → *Pacen.*

Linke Hemisphäre: Bei einem normal organisierten Rechtshänder die für das lineare Denken zuständige Gehirnhälfte; siehe auch → *Rechte Hemisphäre.*

Metapher: Sprachhandlung oder Sprachfigur, die es ermöglicht, über etwas eine Aussage zu machen, ohne es zu benennen; dazu zählen Anekdoten, Analogien, Geschichten, Wortspiele, Rätsel, Witze, idiomatische Begriffe usw.

Metaphorisch: Etwas umschreiben oder im übertragenen Sinne benennen und nutzen, um ein bestimmtes Ergebnis zu erzielen.

Muster: Verkürzt für → *Verhaltensmuster.*

Neuro-Linguistischer Programmierer: Subjekt, das die NLP-Methode strategisch prozessual in seinem Berufsfeld und für seine persönliche Entwicklung nutzt; siehe auch → *NLP.*

NLP: Neuro-Linguistisches Programmieren, insbesondere ein Meta-Modell für Kommunikation und Veränderung sowie eine daraus abgeleitete Methode für Kurzzeittherapie und berufspraktische Kommunikation; die Grundlagen des NLP wurden von Richard Bandler, John Grinder und anderen in den 70er Jahren entwickelt.

Ökologie-Check: Methode, durch die systemische Implikationen subjektiver Ziele ermittelt werden, um sie im Prozeß einer beabsichtigten Veränderungsarbeit berücksichtigen zu können.

Pacen: Unbewußtes oder bewußtes verbales und nonverbales Spiegeln des aktuellen Erlebens und Verhaltens eines Subjekts (oder mehrerer) durch ein anderes; siehe auch → *Rapport,* → *Leaden.*

Physiologie: Körperlicher Gesamteindruck eines Subjekts, der mit einem inneren Zustand korrespondiert. Unterschieden werden Problem-Physiologie, Ziel-Physiologie, Ressource-Physiologie, Versöhnungs-Physiologie und Misch-Physiologie; siehe auch → *Kalibrieren.*

Problem state: Kritischer Zustand (oder beklagtes Verhalten), den ein Subjekt ändern möchte; siehe auch → *Desired state.*

Rapport: Eine auf Verständnis und Vertrauen basierende prozessuale Beziehung zwischen zwei oder mehr Subjekten, die sich u.a. darin zeigt, daß sich die Subjekte in diesem Prozeß körpersprachlich angleichen; siehe auch → *Pacen,* → *Leaden.*

Rechte Hemisphäre: Bei einem normal organisierten Rechtshänder die für das ganzheitliche (systemische) Denken zuständige Gehirnhälfte, die entscheidend an der Wahrnehmung der Realität beteiligt ist; siehe auch → *Linke Hemisphäre.*

Redundanz: Einen Inhalt sinnesspezifisch unterschiedlich kodieren und präsentieren – bspw.: Das sieht (visuell) gut aus, das hört (auditiv) sich gut an, das fühlt (kinästhetisch) sich gut an usw.; siehe auch → *VAKO.*

Reframing: Ein Ereignis und Erleben durch die Trennung von (zumeist akzeptierter) Absicht und (beklagtem) Verhalten aus einem Kontext lösen, in einen anderen Rahmen stellen, um dem Subjekt zu ermöglichen, dessen Bedeutung zu verändern.

Repräsentation: Psychischer Akt des Sichvergegenwärtigens von Erinnerungen oder Vorstellungen sowie sinnesspezifisch kodierte innere Landkarten eines Subjekts; siehe auch → *VAKO.*

Ressourcen: Inneres und äußeres Potential eines Subjekts, das es ihm ermöglicht, angestrebte Ziele zu erreichen.

Selbstanker: Ein sinnesspezifischer Reiz, den ein Subjekt bei sich selbst bewußt oder unbewußt etabliert hat, auf den es in einer bestimmten Weise reagiert; siehe auch → *Anker.*

Spiegeln: siehe → *Pacen.*

Strategie: Sequenz einer sinnesspezifisch konkreten Abfolge von → *Repräsentationen,* durch die ein angestrebtes Ergebnis erzielt werden soll; siehe auch → *Verhaltensmuster.*

Suggestion: Aufforderung oder besser Einladung, ein Verhalten auszuführen, ohne es direkt zu benennen. Als Sprachmittel werden dafür → *Metaphern,* nonverbale Impulse usw. genutzt.

Symmetrie: Die rechte und die linke Seite des Körpers eines Subjekts spiegeln sich; siehe auch → *Kongruent,* → *Inkongruent,* → *Physiologie.*

Trance: Durch Hypnose induzierter Bewußtseinszustand, in dem nahezu die gesamte Wahrnehmung des Subjekts auf das innere Erleben fokussiert ist; siehe auch → *Hypnose.*

Unbewußt: Erfahrungen, Informationen, Prozesse → *Ressourcen* unterhalb der Schwelle des Bewußtseins, die dem Subjekt aktuell nicht bewußt sind; siehe auch → *Bewußt.*

Utilisieren: Alles, was ein Subjekt verbal und nonverbal mitteilt, soll für den Prozeß der von ihm angestrebten Veränderung genutzt werden (Utilisationsprinzip).

VAKO: Visuelle, auditive, kinästhetische, olfaktorische und gustatorische Systeme, mit denen das Subjekt innere und äußere Sensationen wahrnimmt sowie innere Abbildungen der Außenwelt generiert und archiviert; siehe auch → *Repräsentation.*

VAKOG: siehe → *VAKO.*

Verhaltensmuster: Das, was ein Subjekt internal und/oder external sieht, hört, fühlt usw., um ein bestimmtes Ergebnis zu erzielen; siehe auch → *Strategie.*

Wahlmöglichkeiten: Das Spektrum der Verhaltensoptionen, die das Subjekt in einer Situation hat; siehe auch → *Leaden.*

Zugangshinweise: Von außen wahrnehmbare Indikatoren, die darauf schließen lassen, wie sich das Subjekt eine Erfahrung prozessual zugänglich macht; siehe auch → *Strategien.*

Personen- und Sachwortregister

187

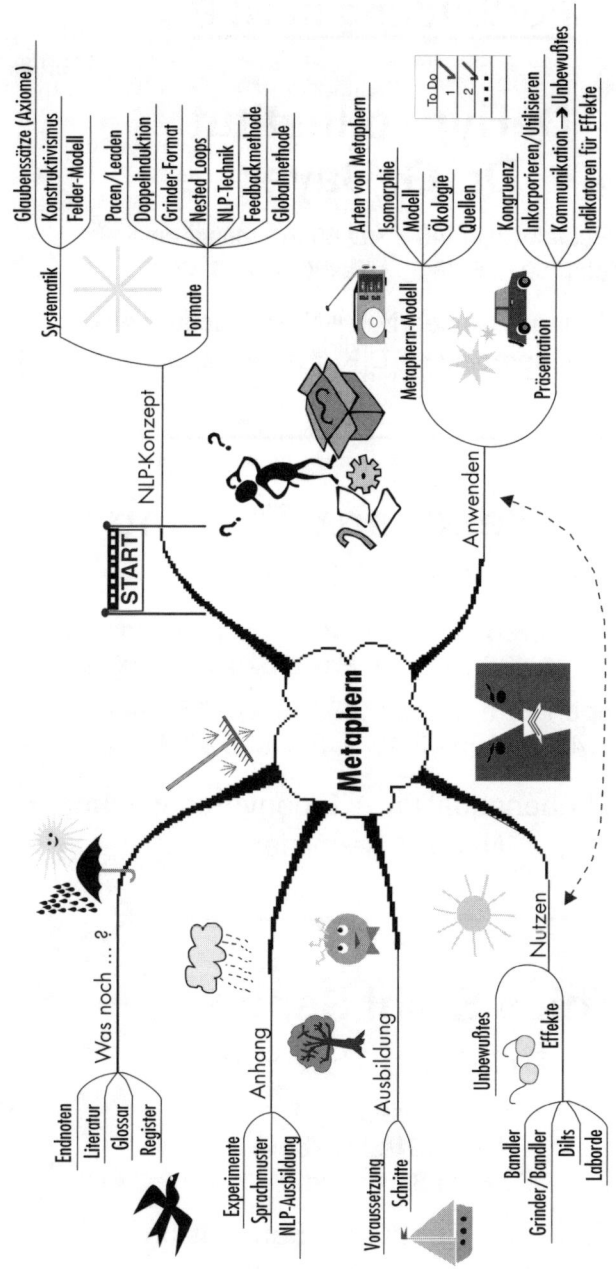

Ausführliche Inhaltsübersicht

Information zur Aus- und Fortbildung in NLP

DeHypno Institut
Dr. G. Bayer

Pestalozzistr. 40 B • D-80469 München
Tel. 0 89 / 26 78 36 • Fax: 0 89 / 26 47 32

Ausbildung: Trancearbeit • NLP Practitioner •
Master kompakt • CD-Kurse (Metaphern)

NLP-Resonanz-Training
Dr. Gundl Kutschera

Buchenweg 38 • D-69221 Dossenheim
Tel. 0 62 21 / 86 21 07 • Fax 0 62 21 / 86 92 94

Gumpendorfer Str. 81/3/37 • A-1060 Wien
Tel. +43-1 / 596 42 40 • Fax 596 42 40 12

Seminare: Lebensqualität • Eigenverantwortung •
Neue Rollenbilder

Thies Stahl Seminare
Dipl.-Psych. Thies Stahl

Drosselweg 1
D-25451 Quickborn
Tel.: 0 41 06 / 8 23 81 • Fax: 0 41 06 / 8 23 83

Training • Beratung • Supervision
für professionelle Kommunikatoren

NLP in Österreich

Österreichisches Trainingszentrum für NLP

2 Tage Einführungs-, 5 Tage Intensivseminare
30 Tage Practitioner-, 27 Tage Master Practitioner-Kurs
Advanced Master-Practitioner für Coaching und Supervision
Staatlich anerkannte Ausbildung zum Lebens- und Sozialberater

Forschungs- und Entwicklungszentrum
für Neuro-Linguistische Psychotherapie (NLPt)

Anerkannt vom
Neuro-Linguistischen Dachverband Österreich (NLDÖ)

Dr. Brigitte Gross, Dr. Siegrid Schneider-Sommer,
Dr. Helmut Jelem, Mag. Peter Schütz

A-1094 Wien, Widerhofergasse 4
Tel: +43-1-317 67 80, Fax: +43-1-317 67 81 22
e-mail: info@nlpzentrum.at, Internet: http://www.nlpzentrum.at

Bot-schaften nach Maß

256 Seiten, kart.
DM 44,–
ISBN 3-87387-370-2

Dieses Buch beruht auf dem Language and Behaviour Profile (LAB Profile), einem bemerkenswerten Instrument, das aus dem NLP hervorgegangen ist und die Möglichkeit bietet, aufgrund der Sprache, die jemand in einer alltäglichen Unterhaltung verwendet, vorherzusagen, wie sich diese Person in einer bestimmten Situation verhalten wird. Die Leser werden lernen, wie sie ihre Sprache auf spezifische Personen und Gruppen zuschneiden können, um diese zu motivieren oder Einfluß auf ihr Denken zu nehmen. Es werden unwiderstehliche Sprachmuster vermittelt, um mit schwierigen Kunden oder dem Ehepartner gut und erfolgreich zu kommunizieren.

Dieses Buch ist aus der jahrelangen Forschungs- und Beratungstätigkeit Shelle Rose Charvets entstanden. Es enthält eine Fülle praktischer, konkreter Anwendungsmöglichkeiten für alle diejenigen, die das Verhalten anderer verstehen und beeinflussen müssen, um beruflichen Erfolg zu haben.

„Ich empfehle dieses Buch wärmstens." – *Peter Kline*, Autor des Buches *„10 Schritte zur Lernenden Organisation"*

Shelle Rose Charvet ist in Nord-Amerika und Europa als Trainerin, Referentin, Beraterin und Kolumnistin tätig. Sie ist eine zertifizierte NLP-Trainerin und hat für eine Vielzahl von Unternehmen, nationale und internationale Behörden sowie Gewerkschaften und gemeinnützige Organisationen gearbeitet. Sie lebt in Burlington, Ontario.

JUNFERMANN VERLAG • Postfach 1840
33048 Paderborn • Telefon 0 52 51/3 40 34

Der individuelle Trainingsplan für Ihr Gehirn

156 Seiten, kart.
DM 19,80
ISBN 3-87387-367-2

Geistige Fitneß entspringt dem Zusammenspiel einer Reihe von Faktoren, zum Beispiel der Fähigkeit, sprachliche und sachlogische Beziehungen zu erfassen, dem Kombinationsvermögen und dem Schlußfolgern. Brain Jogging bietet den Lesern die Möglichkeit, die entscheidenden Bereiche ihres Gehirns zu trainieren und so seine umfassende Leistungsfähigkeit zu bewahren. Geistige Fitneß umfaßt folgende Bereiche: Flexibilität, Konzentration, logisches Denkvermögen, Gedächtniskraft, Wahrnehmungsfähigkeit, Entspannung, Kreativität.

Den Leser erwarten in diesem Buch kurzweilige Rätsel, geistreiche Spielereien, verblüffende Tricks und viele nützliche Tips – Übungen und Anregungen, die jeweils nicht länger als 5 Minuten in Anspruch nehmen. Die Angebote helfen, sich geistig fit zu halten, machen Spaß und stimmen den Leser, d.h. den Übenden positiv auf den Tag ein. Brain Jogging macht fit für die Anforderungen des Tages!

Frank Krüger, geb. 1969; Studium der Praktischen Psychologie; Promotion auf dem Gebiet der Kognitiven Psychologie; vielfältige Dozententätigkeit mit Schwertpunkt Gedächtnis- und Konzentrationstraining sowie innovative Lern-, Denk- und Arbeitstechniken; lebt in Berlin.
Martina Rohfleisch, geb. 1964; Redakteurin und Lektorin im Bereich „Angewandte Psychologie"; Veröffentlichungen u.a. zu gehirn-gerechtem Lernen und Arbeiten sowie NLP; lebt mit ihren beiden Töchtern bei Bonn.

JUNFERMANN VERLAG • **Postfach 1840**
33048 Paderborn • **Telefon 0 52 51/3 40 34**